国之重器出版工程
制造强国建设

汽车板材先进成形技术与应用

Advanced Forming Technology and
Application of Automobile Sheet

谢文才 刘强 编著

U0361441

北京理工大学出版社
BEIJING INSTITUTE OF TECHNOLOGY PRESS

内 容 简 介

汽车轻量化是实现节能减排和提升新能源汽车续航里程的有效措施之一，结构优化设计、轻量化材料技术以及轻量化制造工艺是实现汽车轻量化的三个主要途径，已经成为传统汽车制造商和新能源汽车制造商发展的战略核心技术。作为轻量化制造工艺，作者在总结国内外汽车板材先进成形技术发展的基础上，结合具体的工程案例及科研项目的研究成果，编写此书。本书内容共5章：第1章介绍了乘用车车身材料轻量化实施路径，通过举例说明国外知名主机厂白车身选用材的发展趋势；第2章到第5章分别介绍了高强钢板冷冲压成形、液压成形、热冲压成形以及辊压成形等轻量化制造工艺，通过大量的科研及实际生产案例，从产品特点、成形工艺、生产制造以及最后的规范性总结进行系统性阐述。

本书具有浅显易懂、实用性强以及信息量大等特点，可作为高等院校汽车相关专业师生、汽车企业技术研发人员的参考书，同时可为企业管理人员的决策提供参考。

图书在版编目（CIP）数据

汽车板材先进成形技术与应用 / 谢文才，刘强编著. —北京：北京理工大学出版社，2019.4

国之重器出版工程

ISBN 978-7-5682-6965-0

Ⅰ. ①汽… Ⅱ. ①谢… ②刘… Ⅲ. ①汽车–板材冲压 Ⅳ. ①U465.1

中国版本图书馆 CIP 数据核字（2019）第 075195 号

出　　版 /	北京理工大学出版社有限责任公司	
社　　址 /	北京市海淀区中关村南大街 5 号	
邮　　编 /	100081	
电　　话 /	（010）68914775（总编室）	
	（010）82562903（教材售后服务热线）	
	（010）68948351（其他图书服务热线）	
网　　址 /	http：//www.bitpress.com.cn	
经　　销 /	全国各地新华书店	
印　　刷 /	固安县铭成印刷有限公司	
开　　本 /	710 毫米×1000 毫米　1/16	
印　　张 /	13.25	
彩　　插 /	5	责任编辑 / 封　雪
字　　数 /	266 千字	文案编辑 / 封　雪
版　　次 /	2019 年 4 月第 1 版　2019 年 4 月第 1 次印刷	责任校对 / 周瑞红
定　　价 /	56.00 元	责任印制 / 李志强

专家委员会委员（按姓氏笔画排列）：

于　全　中国工程院院士

王少萍　"长江学者奖励计划"特聘教授

王建民　清华大学软件学院院长

王哲荣　中国工程院院士

王　越　中国科学院院士、中国工程院院士

尤肖虎　"长江学者奖励计划"特聘教授

邓宗全　中国工程院院士

甘晓华　中国工程院院士

叶培建　中国科学院院士

朱英富　中国工程院院士

朵英贤　中国工程院院士

邬贺铨　中国工程院院士

刘大响　中国工程院院士

刘怡昕　中国工程院院士

刘韵洁　中国工程院院士

孙逢春　中国工程院院士

苏彦庆　"长江学者奖励计划"特聘教授

苏哲子　中国工程院院士

李伯虎　中国工程院院士

李应红　中国科学院院士

李新亚　国家制造强国建设战略咨询委员会委员、
　　　　中国机械工业联合会副会长

杨德森　中国工程院院士

张宏科　北京交通大学下一代互联网互联设备国家
　　　　工程实验室主任

陆建勋　中国工程院院士

陆燕荪　国家制造强国建设战略咨询委员会委员、原
　　　　机械工业部副部长

陈一坚　中国工程院院士

陈懋章　中国工程院院士

金东寒　中国工程院院士

周立伟　中国工程院院士

郑纬民　中国计算机学会原理事长

郑建华　中国科学院院士

屈贤明　国家制造强国建设战略咨询委员会委员、工业和信息化部智能制造专家咨询委员会副主任

项昌乐　"长江学者奖励计划"特聘教授，中国科协书记处书记，北京理工大学党委副书记、副校长

柳百成　中国工程院院士

闻雪友　中国工程院院士

徐德民　中国工程院院士

唐长红　中国工程院院士

黄卫东　"长江学者奖励计划"特聘教授

黄先祥　中国工程院院士

黄　维　中国科学院院士、西北工业大学常务副校长

董景辰　工业和信息化部智能制造专家咨询委员会委员

焦宗夏　"长江学者奖励计划"特聘教授

前　言

　　当前，对于汽车制造商而言，面临的首要问题有：一是严格的油耗法规，根据新修订的《乘用车燃料消耗限值》和《乘用车燃料消耗量评价方法及指标》，到 2020 年乘用车平均油耗降至 5.0 L/100 km，这对汽车制造商来说是严峻的考验；二是能源消耗，我国目前进口石油依赖度已经接近 70%，每年新增的石油资源中汽车消耗占比最大，长此以往恐将导致我国能源的短缺甚至能源危机，影响人们的正常生活，寻找可替代能源已经成为我国的国家战略，也是未来汽车制造商发展的重点。

　　为了提高汽车的燃油经济性，降低油耗，行之有效的措施包括：降低滚动阻力、空气阻力、汽车重量以及提升动力系统性能等。与传统燃油车相比，新能源汽车重量增加 20%，主要增量来源于电池组，对于新能源汽车来说，重量的减轻直接意味着续航里程的增加。

　　汽车轻量化是实现节能减排和提升新能源汽车续航里程的有效措施之一，结构优化设计、轻量化材料技术以及轻量化制造工艺是实现汽车轻量化的三个主要途径，已经成为传统汽车制造商和新能源汽车制造商发展的战略核心技术。

　　本书首先介绍了乘用车车身材料轻量化实施路径，通过举例说明国外知名主机厂白车身选材用材的发展趋势；重点介绍了高强钢板冷冲压成形、液压成形、热冲压成形以及辊压成形等轻量化制造工艺。

　　本书的特点主要有：（1）浅显易懂，全书编写过程中，全部采用工程性语言，学术性和理论性内容相对较少，便于工程技术人员查阅；（2）实用性强，全书通过大量的科研及实际生产案例，从产品特点、成形工艺、生产制

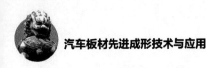
造以及最后的规范性总结等进行阐述，供企业技术人员参考使用；（3）信息量大，全书全面系统地介绍了冲压先进成形工艺，对每种工艺的技术概况、材料特性、成形工艺、模具及设备、典型案例及技术发展趋势进行了全面的介绍，旨在为企业管理人员的决策提供参考。

本书第 1 章由谢文才编写，第 2 章由徐明琦、闫巍、王彦编写，第 3 章由刘强、谢文才编写，第 4 章由徐勇、刘强编写，第 5 章由张洪丰、王强、蔡鑫编写。本书由谢文才负责统稿和定稿，由刘强负责全书的校对。

本书所包含的技术成果大多得到国家和一汽集团公司科研项目的资助，作者在此表示深深的谢意。

由于作者水平有限，书中难免有不妥之处，敬请读者朋友批评纠正，不吝赐教，在此表示衷心感谢。

目　录

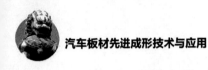

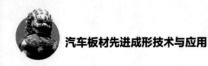

第 1 章

绪 论

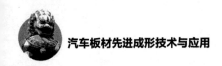

|1.1 汽车工业发展现状|

1.1.1 总体形势

随着我国经济持续发展，人民生活水平日益提高，汽车消费的需求得到了空前的释放。我国汽车产业已连续多年保持快速增长，继 2009 年成为世界第一大汽车产销国后，2010 年与 2011 年汽车产销量再次双双突破 1 800 万辆，2013 年更是超过了 2 000 万辆，销量达到 2 224 万辆，占全球总销量的 1/4，2017 年我国汽车销量达到 2 915 万辆，占全球总销量的 30.1%。在过去将近 20 的时间里，中国汽车需求量增长经历了两个阶段：第一阶段（从 2000—2010 年），高速增长期，平均年需求量增速为 24.2%；第二阶段（2011 年以后），增速放缓，进入低速增长期，平均年需求量增速为 6.8%，如图 1.1 所示。预计在今后较长一段时间，中国汽车市场仍将保持增长势头，由高速增长期进入常态化低速增长期。

汽车产业的高速增长在给社会带来经济效益和改善人们生活的同时，也产生了很多负面影响。由于我国汽车工业的高速发展，汽车保有量快速增加，截至 2017 年年底，我国汽车保有量为 2.17 亿辆，预计到 2020 年，汽车保有量将达到 2.8 亿辆，如图 1.2 所示，汽车的油耗及排放对我国的能源及环境产生

图 1.1　中国汽车需求年度走势

了不良影响。在能源消耗方面，我国目前进口石油依赖度已经接近 70%，每年新增的石油资源中汽车消耗约占 70%，长此以往恐将导致我国能源的短缺甚至能源危机，影响人们的正常生活。在 CO_2 排放方面，近年来，我国碳排放量每年都在快速增加，从 2000 年的 28.5 亿 t 增长到 2013 年的 95.3 亿 t，13 年间增加了近 4 倍。我国单位 GDP 的 CO_2 排放量也处在全球首位，以 2011 年为例，我国年单位 GDP 的 CO_2 排放量是全球平均水平的 3 倍，我国已经成为最大 CO_2 排放国。碳排放与经济规模密切相关，中国政府承诺的 2020 年单位 GDP 的 CO_2 排放强度较 2005 年水平削减 40%～45% 的减排目标，既是承担国际责任，也是出于中国自身发展的需要，由此看出降低碳排放已经成为我国迫切需要解决的问题。由于全球超过 15% CO_2 排放都来自道路交通，尤其是汽车，发达国家汽车排放的 CO_2 更是已占其总量的 1/4，因此全球汽车产业面临严峻的环保低碳压力，对降低碳排放有不可推卸的社会责任。在环境污染方面，2014 年我国首次大部分地区出现雾霾天气，严重影响了人们的健康和正常生活，这和汽车尾气的排放以及汽车生产制造过程中污染物的排放有着必然的关系。

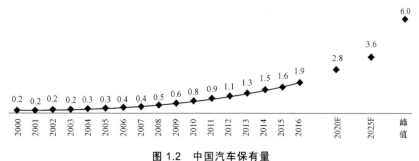

图 1.2　中国汽车保有量

节能减排已成为我国乃至全球汽车发展的必然趋势，一般来说，开发替代能源、改善用车环境和提高燃油经济性是汽车能源战略中三个极为重要的领域，也是汽车节能的三个基本途径。

作为提高燃油经济性的重要措施之一，技术节能即通过采用一系列节能技术来提高汽车的燃油经济性。例如，通过发动机增压技术提高发动机效率；通过改进车身形状降低空气阻力；通过采用轻质材料和改进车身结构降低汽车重量；通过采用低滚动阻力轮胎降低滚动阻力等。汽车通过这些措施获得的节能效果称为技术节能。同档次汽车油耗水平的差距往往反映出在节能技术应用上的差距。

此外，我国已经实施的一些标准和法规，直接或者间接地促进了汽车轻量化技术的发展，在推动汽车轻量化产品的应用方面起到了积极作用。从 2004 年起我国先后发布并实施了乘用车和轻型商用车的燃料消耗量限值强制性国家标准，即《乘用车燃料消耗量限值》（GB 19578—2004）和《轻型商用车辆燃料消耗量限值》（GB 20997—2007）。乘用车 2009 年起已执行第二阶段燃料消耗量限值，第三阶段的《乘用车燃料消耗量限值》《乘用车燃料消耗量评价方法及指标》强制性国家标准的修订工作已完成。第三阶段《乘用车燃料消耗量限值》标准进一步加严乘用车燃料消耗量限值，提高乘用车产品市场准入的最低要求，确保 2020 年 5 L/100 km 节能目标的实现。经统计，2015 年平均燃料消耗量实际值为 6.98 L/100 km，如计入新能源乘用车为 6.65 L/100 km，如图 1.3 所示。

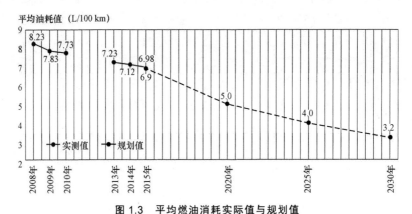

图 1.3　平均燃油消耗实际值与规划值

1.1.2　轻量化实施方案

汽车轻量化是一项复杂的系统工程，它是在成本控制与性能改进条件下，通过轻量化结构设计与轻量化材料和制造技术在整车产品上的集成应用而实现的产品减重，如图 1.4 所示。推动汽车轻量化的进步，能够快速提高自主品牌汽车的开发能力。此外，汽车轻量化还有助于提升车辆的整体性能，尤其是燃油经济性、制动性、操控性等性能。

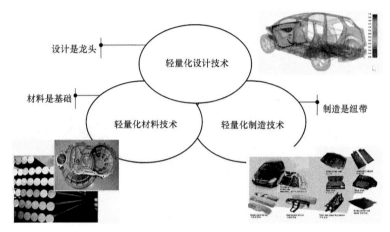

图 1.4　汽车轻量化主要路径

轻量化设计是实现汽车轻量化的重要途径之一，目前应用的轻量化设计方法主要有：有限元法，单一目标优化设计法，多目标优化法，多学科协同优化法，灵敏度法，拓扑优化、形貌优化和尺寸优化法，车身结构参数化轻量化设计法。

轻量化材料是实现整车轻量化的基础，目前应用比较多的轻量化材料包括：① 高强钢：先进高强钢、超高强钢、热成形钢。② 铝合金：铝板、铝合金型材、铝合金压铸件。③ 镁合金：镁合金压铸件等。④ 复合材料：工程塑料、纤维增强材料等。

轻量化制造技术是实现从材料到最终产品的纽带，常用的轻量化制造技术有高强钢冲压成形、热冲压成形、液压成形、辊压成形等。

| 1.2　乘用车车身材料轻量化路径 |

通过对奥迪、宝马、奔驰三大汽车公司车身用材趋势的梳理，归纳总结出乘用车白车身用材轻量化实施路径。

1.2.1 奥迪车身材料轻量化路径

奥迪 A3 白车身（除发罩和翼子板外）为钢质材料，高强钢比例为 61.6%，其中热成形钢占比为 21.7%。发罩总成和翼子板采用 6 系铝合金板材，占比为 3.2%，如图 1.5 所示。

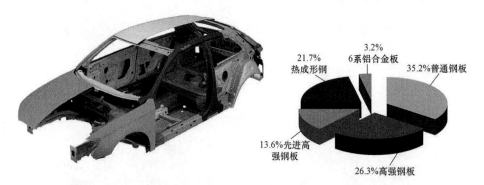

图 1.5   奥迪 A3 白车身及用材情况

奥迪 A6 车型四门两盖、翼子板等为 6 系铝合金板材，白车身总成除前减震塔为铝合金压铸件外，其余为钢质材料。白车身高强钢应用比例为 52.8%，其中热成形钢占比为 11.3%，铝合金材料应用比例为 18%，其中铝合金板材占比 13.5%，如图 1.6 所示。

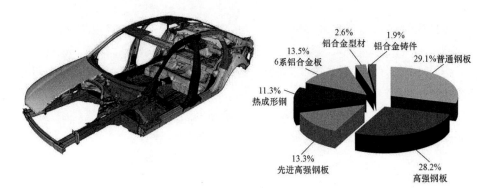

图 1.6   奥迪 A6 白车身及用材情况

奥迪 TT 车型除四门两盖、翼子板等外挂件为 6 系铝合金板材外，车身侧围总成及顶盖材料也为 6 系铝合金板材和铝合金压铸件，底板总成为钢质材料。白车身高强钢应用比例为 58.2%，其中热成形钢占比 14.5%，铝合金材料应用比例为 36.4%，其中铝合金板材占比 25.7%，铝合金型材占比 6.2%，如图 1.7 所示。

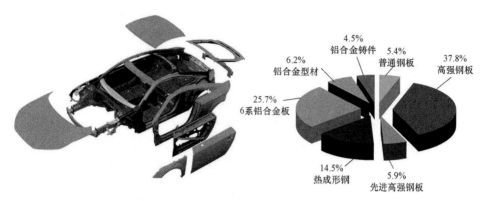

图 1.7　奥迪 TT 白车身及用材情况

奥迪 Q7 车型除四门两盖、翼子板等外挂件为 6 系铝合金板材外，车身侧围总成、底板总成为钢铝混合材料。白车身高强钢应用比例为 39.8%，其中热成形钢占比 9.2%，铝合金材料应用比例为 49.9%，其中铝合金板材占比 35%，铝合金铸件占比 12.3%，如图 1.8 所示。

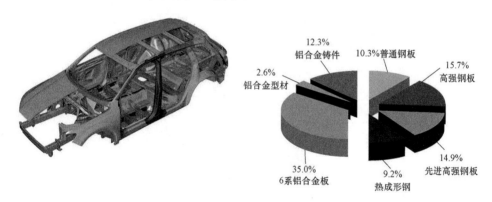

图 1.8　奥迪 Q7 白车身及用材情况

通过对以上奥迪四款车型白车身用材情况的演变分析不难看出（图 1.9，图 1.10）：① 钢材比例由 96.8% 降低至 50.1%，铝合金应用比例由 3.2% 提升至 49.9%。② 钢质材料中，高强钢应用比例逐步提升。③ 铝合金材料中，铝合金板应用占比较大。④ 钢铝两种材料已实现充分混合。

1.2.2　宝马车身材料轻量化路径

宝马 1 系白车身为钢质材料，高强钢比例为 68%，其中热成形钢占比 2.0%，如图 1.11 所示。

宝马 3 系白车身为钢质材料，高强钢比例为 70%，其中热成形钢占比 3.0%，如图 1.12 所示。

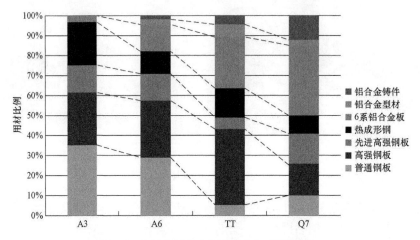

图 1.9 奥迪车型白车身用材变化（见彩图）

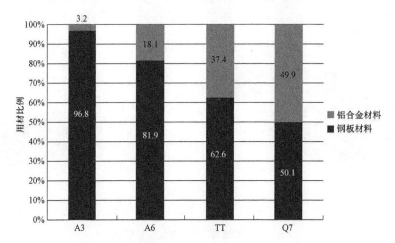

图 1.10 奥迪车型白车身材料轻量化路径

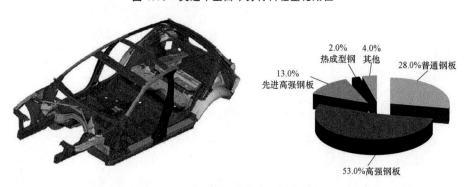

图 1.11 宝马 1 系白车身及用材情况

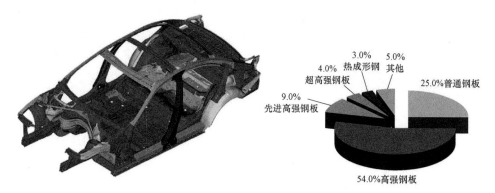

图 1.12　宝马 3 系白车身及用材情况

宝马 5 系车型四门两盖、翼子板等为铝合金板材，白车身总成除前减震塔为铝合金压铸件外，其余为钢质材料。白车身高强钢应用比例为 72%，其中热成形钢占比 14%，铝合金材料应用比例为 15%，其中铝合金板材占比 11%，铝合金铸件占比 4%，如图 1.13 所示。

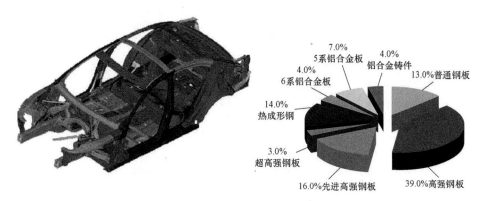

图 1.13　宝马 5 系白车身及用材情况

宝马 7 系车型四门两盖、翼子板等为铝合金板材，白车身总成为钢、铝和碳纤维混合车身。白车身高强钢应用比例为 55%，其中热成形钢占比 15%，铝合金材料应用比例为 26%，其中铝板材料占比 13%，铝合金铸件占比 10%，碳纤维材料占比 3%，如图 1.14 所示。

通过对以上宝马四款车型白车身用材情况的演变分析不难看出（图 1.15，图 1.16）：① 钢材比例由 96% 降低至 66%，铝合金应用比例由 0 提升至 26%。② 钢质材料中，高强钢应用比例逐步提升。③ 铝合金材料中，铝板应用占比较大。④ 钢、铝和碳纤维三种材料已实现充分混合。

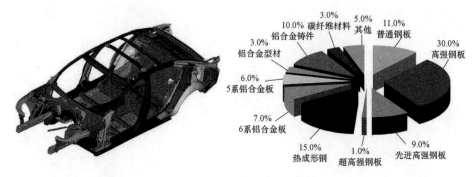

图 1.14　宝马 7 系白车身及用材情况

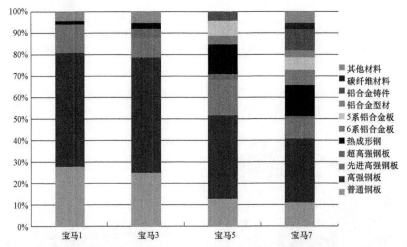

图 1.15　宝马车型白车身用材变化（见彩图）

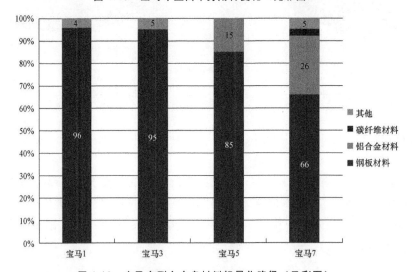

图 1.16　宝马车型白车身材料轻量化路径（见彩图）

1.2.3 奔驰车身材料轻量化路径

奔驰 B 级车发罩总成为铝合金板材，白车身总成为钢质材料。白车身高强钢应用比例为 69.1%，其中热成形钢占比 3.5%，铝合金板应用比例为 2.7%，如图 1.17 所示。

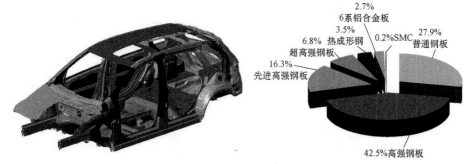

图 1.17 奔驰 B 级白车身及用材情况

奔驰 C 级车四门两盖、顶盖、翼子板等为铝合金板材，白车身总成除前减震塔为铝合金压铸件外，其余为钢质材料。白车身高强钢应用比例为 62.4%，其中热成形钢占比为 11.9%，铝合金材料应用比例为 24.8%，其中铝合金板占比 16.7%，铝合金铸件占比 6.5%，如图 1.18 所示。

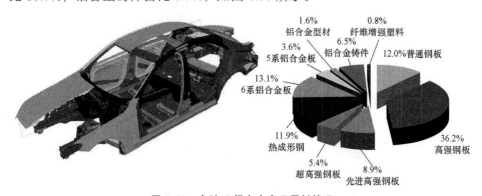

图 1.18 奔驰 C 级白车身及用材情况

奔驰 S 级车四门两盖、顶盖、翼子板等为铝合金板材，白车身总成底板前端区域为钢铝混合材料。白车身高强钢应用比例为 50.5%，其中热成形钢占比为 8%，铝合金材料应用比例为 32.5%，其中铝板材料占比 20.5%，铝合金铸件占比 6.5%，铝合金型材占比 5.5%，如图 1.19 所示。

通过对以上奔驰三款车型白车身用材情况的演变分析不难看出（图 1.20，图 1.21）：① 钢材比例由 97.1% 降低至 64.5%，铝合金应用比例由 2.7% 提升至

32.5%。② 钢质材料中，高强钢应用比例逐步提升。③ 铝合金材料中，铝板应用占比较大。④ 钢、铝两种材料已实现充分混合。

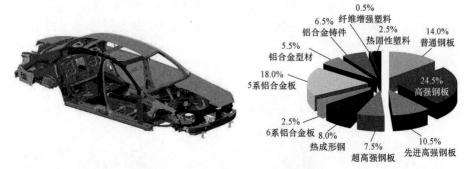

图 1.19　奔驰 S 级白车身及用材情况

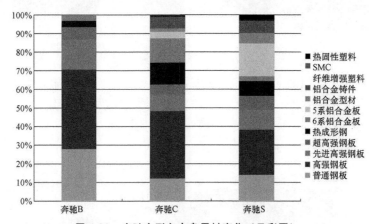

图 1.20　奔驰车型白车身用材变化（见彩图）

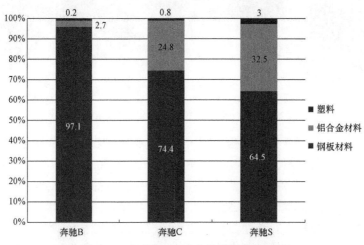

图 1.21　奔驰车型白车身材料轻量化路径

1.2.4　小结

从上面车型白车身材料应用情况可以看到，未来乘用车车身为多种材料混合车身，为了保护驾乘人员，驾驶舱材料的强度级别最高，如图1.22所示，沃尔沃XC90车身采用热成形钢材料，图1.23为宝马I8车身采用碳纤维增强复合材料。

图1.22　沃尔沃XC90车身热成形零件

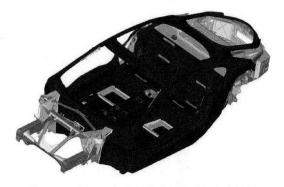

图1.23　宝马I8驾驶舱为碳纤维增加复合材料

| 1.3　乘用车轻量化制造技术 |

1.3.1　管材液压成形技术

随着液压成形技术的成熟以及主机厂对整车减重、制造成本降低的迫切需求，该技术近几年来在汽车制造领域得到广泛应用。目前管材液压成形技术在汽车上的应用主要集中在以下三个区域（图 1.24）：

底盘零部件：如副车架、扭力梁等。

车身结构件：如 A 柱、B 柱，地板纵梁、横梁，前端框架，吸能盒等。

动力总成零件：如排气支管、凸轮轴等。

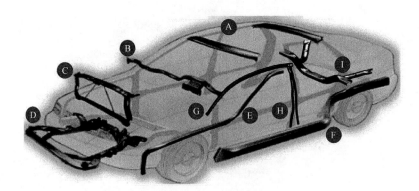

图 1.24　管材液压成形零件应用

1. 底盘零部件

采用管材液压成形技术可以提高底盘零件的产品特性，图 1.25 是典型管材液压成形结构前副车架总成。液压成形前副车架已经成为多家主机厂的标准配置。

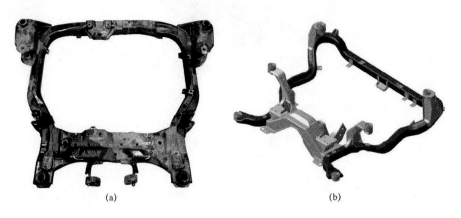

（a）　　　　　　　　　　　　　　　　　（b）

图 1.25　前副车架总成

（a）长安逸动前副车架；（b）荣威轿车前副车架

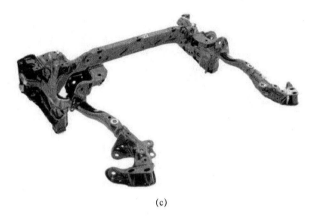

(c)

图 1.25　前副车架总成（续）

（c）奥迪 A4 前副车架

　　图 1.26 是典型管材液压成形结构后副车架总成，该结构后副车架为独立悬架，主要应用在 B 级及以上车型。液压成形后副车架已经成为多家主机厂的标准配置，作为平台零件，应用到多款车型。

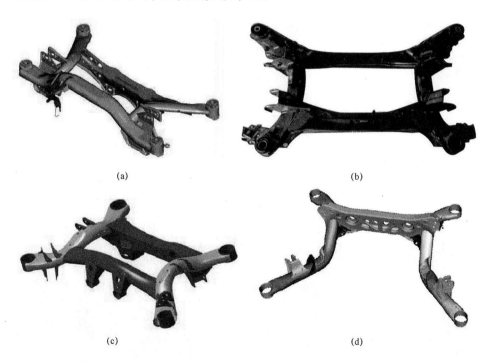

　　　(a)　　　　　　　　　　　　　　　　　(b)

　　(c)　　　　　　　　　　　　　　　　　(d)

图 1.26　后副车架总成

（a）大众 MQB 后副车架；（b）本田雅阁后副车架；

（c）宝马 3 系后副车架；（d）奥迪 A4 后副车架

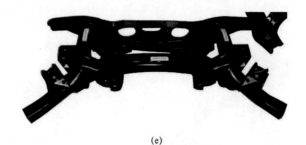

(e)

图 1.26　后副车架总成（续）

（e）丰田 RAV4 后副车架

图 1.27 是典型管材液压成形结构后扭力梁总成，该结构为非独立悬架，主要应用在 B 级及以下车型。扭力梁总成中，横梁可以采用管材液压成形工艺，左右纵臂也可以采用管材液压成形工艺。后扭力梁作为平台零件，可应用到多款车型。

(a)　　　　　　　　　　　　　　　　　　(b)

图 1.27　扭力梁总成

（a）标致 307 后扭力梁；（b）大众 MQB 后扭力梁

2. 车身结构件

福特车型（图 1.28）、吉普 SUV 车型、克莱斯勒部分车型、欧宝部分车型、捷豹车型（图 1.29）等 A 柱采用管材液压成形设计方案。

图 1.28　福特蒙迪欧液压成形 A、B 柱

图 1.29　捷豹 F－TYPE 铝合金管材液压成形 A 柱

　　除了 A、B 柱外，车身底板纵梁、横梁采用管材液压成形后，车身刚度提升 50%。图 1.30、图 1.31 分别是雪佛兰克尔维特纵梁采用铝合金管材液压成形工艺，丰田霸道车架横梁采用高强钢管材液压成形工艺。

图 1.30　雪佛兰克尔维特铝合金管材液压成形纵梁

典型液压成形框架结构

图 1.31　丰田霸道车架管材液压成形横梁

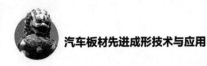
　　与传统冲压结构相比，采用管材液压成形的前端结构，可实现减重 20% 以上，产品特性得到大幅提升，目前北美道奇、克莱斯勒、吉普、福特车型皮卡、大型 SUV 的前端结构都采用液压成形工艺，如图 1.32、图 1.33 所示。

图 1.32　道奇液压成形结构前端框架　　　　图 1.33　福特液压成形结构前端框架

1.3.2　高强钢热冲压成形技术

　　热冲压成形工艺具有成形后零件强度高、无回弹等特点，已经成为国内外主机厂实现车身轻量化的主要制造工艺，图 1.34 是全新沃尔沃 XC60 白车身，其热成形钢重量占比达到 29%，车身碰撞安全性达到欧洲 5 星级。

图 1.34　沃尔沃 XC60 白车身

　　图 1.35 是本田讴歌 MDX 车身，其侧围加强板采用整体激光拼焊板热冲压成形。针对正面 25% 偏置碰撞，采用整体式封闭结构热冲压成形侧围加强板，在碰撞结束后，驾驶员侧变形较小，车门可以打开，提高了整车的碰撞安全性能。

图 1.35　本田讴歌 MDX 整体热成形侧围加强板

近几年，国内热冲压成形技术得到广泛的应用，图 1.36 是国内热冲压生产线数量统计，从该图可以看出，截止到 2018 年年底，我国热冲压生产线有 170多条，成为全球热冲压生产线数量最多的国家。如果每条线都满负荷生产，平均每年将生产 3.5 亿件热成形零件。

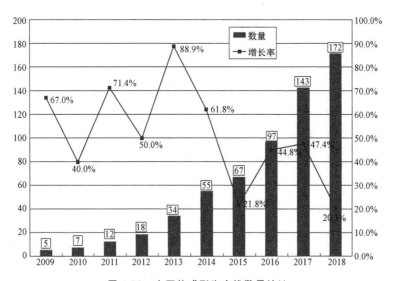

图 1.36　中国热成形生产线数量统计

1.3.3　辊压成形技术

辊压成形具有效率高、材料利用率高等特点，主要应用于地板平台类零件的成形，如门槛、横梁、纵梁等零件，以及车身安全零件的成形，如保险杠横梁、车门防撞梁、顶盖横梁等，如图 1.37 所示。

图 1.37　辊压成形零件应用

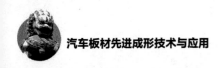

|1.4 总　结|

1. 白车身材料

混合材料车身是未来白车身设计的趋势，尤以钢铝混合为主：

（1）钢板材料应用趋于高强度化。

（2）铝合金材料包括三类：铝板、铝型材和铝合金压铸件。其中覆盖件主要以 6 系铝合金板材为主，车身结构件以 5 系铝合金板材为主；铝型材主要应用在安全、吸能要求高的部位；由于铝合金压铸件具有抗震和抗扭的特性，主要应用于减震塔、车身结构和几何节点位置、底盘零件等。

（3）碳纤维是一种新型的、很有潜质的车身轻量化材料，目前受限在材料成本和制造工艺上。

2. 白车身制造工艺

白车身制造技术的发展，同步甚至超前于轻量化材料及混合材料车身的应用：

（1）材料成形领域：液压成形、热成形、辊压成形、铸造及纤维增强材料的成形。

（2）混合材料车身的连接技术。

（3）混合材料车身（包括钢、铝和碳纤维）的涂装工艺。

参 考 文 献

[1] 中国汽车工程学会. 世界汽车技术发展跟踪研究——轻量化篇［M］. 北京：北京理工大学出版社，2013.

[2] 徐长明. 中国汽车产业新特征与新变化［R］. 北京：国家信息中心，2018.

[3] Proceedings of 8 – 20th Global Car Body Benchmarking Conference［R］. Bad Nauheim：Automotive Circle International，2006—2018.

第 2 章

高强钢板冷冲压成形技术

由于高强钢板具有强度高、塑性差等性能特点，在实际生产应用中常伴随诸多缺陷，如开裂、起皱、回弹、扭曲、模具拉毛及压料力不足等。本章在高强钢板力学性能评价及生产实践基础上，总结大量高强钢板冷冲压成形技术经验。

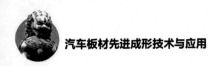
| 2.1　高强钢板材料力学性能评价 |

2.1.1　高强钢板成形性能评价

　　成形极限可评价零件 CAE 仿真的开裂倾向、零件工艺设计、模具设计以及试冲时的安全裕度。由于高强钢板的强度较高，零件失效形式和失效机理发生较大变化，必须研究适合其成形特征的成形极限及失效判据，为高强钢板冷冲压成形分析提供有效依据。

　　高强钢板不同的成形方式，存在不同的开裂特征，如图 2.1 所示。

2.1.1.1　成形极限图

　　成形极限图（Forming Limit Diagram，FLD），是判断和评定钢板成形性的最为简便和直观的方法。在生产中，利用 FLD 可以有效分析零件危险点位置，分析破裂产生原因，指导工艺及模具的改进，进行冲压零件极限设计，选择合理的材料，作为板料成形计算模拟的依据，保证大批量生产的稳定性。

　　根据极限应变测量准则不同，成形极限图有破裂型、颈缩型和普通型三种。普通型成形极限图是根据与裂纹最接近但不包括缩颈的尺寸变化的应变来获取的，应用最为广泛。

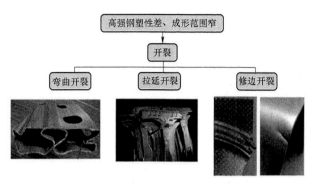

图 2.1　高强钢板冷冲压成形开裂及特征

对于软钢而言，FLD 的研究相当成熟，目前通过大量的实验建立了经验公式，根据材料的 n 值和厚度 t，即可计算得到 FLD 曲线，其平面应变状态点 FLD_0 成形极限为：

$$FLD_0 = \frac{(23.3 + 14.13 \times t) \times n}{0.21}$$

FLD 自 20 世纪 60 年代被 Keeler 和 Goodwin 首次用试验方法建立以来，一直广泛应用于实际生产中，在板料成形领域中占有重要地位。如何快速、准确、可靠地建立 FLD 是长期以来研究的重点。目前，建立 FLD 的方法主要是理论推导和实验法。FLD 试验及理论研究历史见图 2.2。

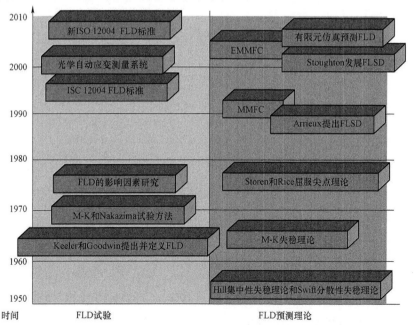

图 2.2　FLD 试验及理论研究历史

试验法建立板料成形极限图的方法很多，常见的有刚性凸模胀形试验、福井锥杯试验、圆形和椭圆形凹模的液压胀形试验（Jovignot 试验）等。

2.1.1.2 高强钢板成形极限评价结果

以 DP 钢板成形极限为例。选取厚度为 2.0 mm 的 DP780CR 和 DP980CR 钢板进行 FLD 实验，材料性能如表 2.1 所示。实验结果如图 2.3 所示。

表 2.1 相同厚度 DP780CR 与 DP980CR 钢板力学性能

牌号	屈服强度/MPa	抗拉强度/MPa	断裂延伸率/%	FLD_0 试验值/%	FLD_0 理论值/%	偏差值/%
DP780CR	484	805	20.1	≈25	31.9	6.9
DP980CR	620	980	14.5	≈19	25.5	6.5

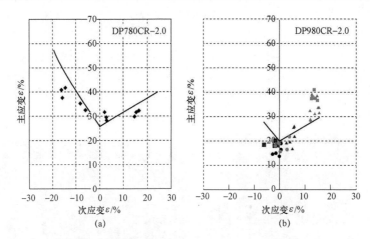

图 2.3 DP780CR 与 DP980CR 的 FLD 试验值

（a）DP780CR 钢 FLD 试验值；（b）DP980CR 钢 FLD 试验值

DP 钢成形极限评价结果表明：

（1）800 MPa 和 1 000 MPa 级别的高强 DP 钢板的塑性差，FLD_0 较低，成形范围较窄，如 FLD 左边区域所示。

（2）DP780CR 的 ε_2 最大值在 −18% 左右，DP980 的 ε_2 最大值在 −7% 左右，表明材料抵抗拉伸变形的能力较弱。

（3）DP 钢具有良好的胀形性能，材料的 ε_2 可以达到 20% 以上。

（4）两个级别 DP 钢的 FLD_0 试验值与软钢经验公式计算值对比如表 2.1 所示，试验值比经验值低 6% 以上，表明软钢的经验公式并不适用于高强钢。

2.1.1.3　高强钢板成形极限评价经验

要获得准确的成形极限曲线，从试样的确定、制备、网格印刷到试验、结果分析，再到最终的实际应用，都必须以组为单位，尽量减小每步工作中因环境因素、设备因素以及人为因素而导致的试验误差。目前比较主流的方法是，采用国标中规定的试样尺寸，进行三组测量，取平均值。这样，一种板材在试验时，需要的试样为 20～30 根。如果对试验的准确性、曲线的完整性提出更高的要求，则需测量的试样还会增多。

在测量过程中，通常会发现 FLD 存在一个普遍的问题：FLD 的右边部分不完整，主要表现为等双向拉伸的极限应变数据没有或不充实，以及一般胀形路径下的极限应变数据不够充实。这主要是由试样和球形冲头之间过大的摩擦力造成的破裂位置下移引起的，必须通过改善润滑条件，使试样的破裂位置向凸模顶点处靠近，使破裂点的应变路径由一般胀形向等双向拉伸转移。此外，由于试样设计导致的曲线最低点的试样宽度接近或稍大于凸模的直径，而当试样宽度超过 120 mm 以后试样周边就可能被压紧，因此一般胀形的试样宽度设计空间就只有 30 mm 变化范围。当试样形状设计不够细致充分时，就很容易出现上述问题。

2.1.2　高强钢板弯曲（V 弯）性能评价

高强钢板的强度高、塑性变形能力差，导致成形过程中伴随较大回弹，如汽车门槛加强板、骨架横梁等零件，见图 2.4。弯曲成形为主要成形方式，而弯曲极限则成为评价其失效判据的关键指标。

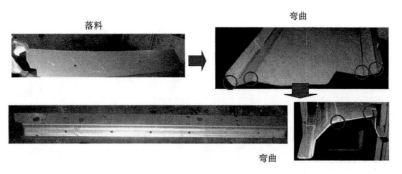

图 2.4　弯曲成形为主的典型高强钢板零件

目前，对于表征高强钢板的弯曲极限，数据相对缺乏，难以对高强钢零件的工艺和零件设计形成有效支撑。

2.1.2.1 模具间隙对弯曲评价的影响

改变模具间隙值 Δd，观察位移控制下，不同模具间隙值 Δd 和模具弯曲角对 V 形弯曲回弹的影响见表 2.2。

表 2.2 位移控制下弯曲回弹影响的结果

参数变动	模具弯曲角					
	60°		90°		120°	
模具间隙值 Δd/mm	弯曲角	回弹角	弯曲角	回弹角	弯曲角	回弹角
0.02	66.5°	6.5°	93.7°	3.7°	120.9°	0.9°
0.06	66.5°	6.5°	93.7°	3.7°	121.1°	1.1°
0.12	66.9°	6.9°	94.1°	4.1°	121.2°	1.2°
0.20	67.9°	7.9°	94.7°	4.7°	122.1°	2.1°
0.40	72.1°	12.1°	98.0°	8.0°	123.8°	3.8°

由试验结果可知，回弹角随着模具间隙值的增加而不断增加，模具间隙值 $\Delta d \leqslant 0.01$ 时回弹量趋于稳定。模具弯曲角 θ 增大，回弹角 $\Delta\alpha$ 减少。回弹角随模具间隙值变化趋势见图 2.5。

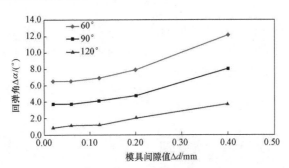

图 2.5 模具间隙值对弯曲回弹角的影响

设定位移控制时，模具间隙值过大，则实际下压量不够，弯曲量未能够使试样达到成形角度。而模具间隙值过小时，试样厚度的不均匀性误差，也会导致试验无法预期进行。鉴于此，模具间隙值设定为 $0.04 \text{ mm} \leqslant \Delta d \leqslant 0.1 \text{ mm}$，位移控制参数对回弹影响在可控范围内。

2.1.2.2 加载载荷对弯曲评价的影响

改变模具间隙值 Δd，观察载荷控制下，不同弯曲载荷 P 和模具弯曲角对 V

形弯曲回弹的影响见表 2.3。

表 2.3　载荷控制下弯曲回弹影响的结果

参数变动	模具弯曲角					
	60°		90°		120°	
弯曲载荷 P/kN	弯曲角	回弹角	弯曲角	回弹角	弯曲角	回弹角
2	74.2°	14.2°	102.7°	12.7°	131.2°	11.2°
5	67.4°	7.4°	94.6°	4.6°	122.1°	2.1°
10	66.6°	6.6°	93.8°	3.8°	121.1°	1.1°
20	66.6°	6.6°	93.6°	3.6°	120.9°	0.9°
40	66.5°	6.5°	93.7°	3.7°	121.1°	1.1°

由试验结果可知，回弹角随着弯曲载荷 P 的增加而减小，弯曲载荷 $P \geqslant$ 10 kN≈$1.2F_z$ 时回弹量趋于稳定。模具弯曲角 θ 增大，回弹角 $\Delta\alpha$ 减少。回弹角随弯曲载荷的变化趋势见图 2.6。

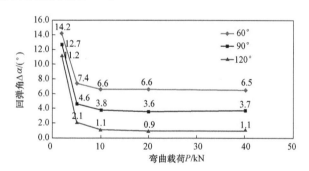

图 2.6　弯曲载荷对弯曲回弹角的影响

设定载荷控制时，弯曲载荷过小，则实际下压量不够，弯曲量未能够使试样达到成形角度。而弯曲载荷过大时，试验机负重增加而结果无明显变化，此后试样进入校正整形阶段。

2.1.2.3　加载速度对弯曲评价的影响

改变加载速度 v，观察不同弯曲速度 v 对弯曲回弹的影响，见表 2.4。

由试验结果可知，回弹值随弯曲速度 v 的增加而不断减小，弯曲速度 $v \geqslant$ 40 mm/min 之后回弹角趋于稳定，为 3.8°；在弯曲载荷 $P \approx 1.2F_z$ 的情况下，回弹角不受弯曲速度的影响，保持稳定值 3.7° 左右。回弹角随弯曲速度的变化趋势见图 2.7。

在国标 GB/T 15825.5—2008《金属薄板成形性能与试验方法 第 5 部分：弯曲试验》中，试验机工作速度参考范围是（0.8～3.3）×10⁻⁴ m/s，即 4.8～19.8 mm/min。综合考虑，为保证试验结果的稳定性和试验效率，设定弯曲速度为 10～20 mm/min。

表 2.4　弯曲速度对弯曲回弹影响的结果

变动参数	弯曲载荷			
	5 kN		10 kN	
弯曲速度/（mm·min⁻¹）	弯曲角	回弹角	弯曲角	回弹角
5	95.4°	5.4°	93.8°	3.8°
10	95.1°	5.1°	93.8°	3.8°
20	94.6°	4.6°	93.7°	3.7°
40	93.9°	3.9°	93.7°	3.7°
60	93.8°	3.8°	93.7°	3.7°

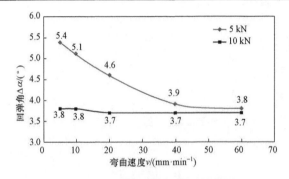

图 2.7　弯曲速度对弯曲回弹角的影响

2.1.3　高强钢板帽型回弹评价

对于高强钢回弹特性，国际上日产（NTC）、东普雷（TOPRE）等知名高强钢零部件公司也采用帽型（HAT）回弹评估钢板的回弹。本节对高强钢板帽型回弹特性实验进行探讨，为高强钢推广应用提供参考依据，并实现与国际企业的对接，促进高强钢的应用。

帽型回弹主要是板料在通过凸凹模圆角或者通过拉延筋时发生的弯曲–拉直过程中，上下两侧的变形不一致导致的厚度方向的应力分布不均或者是应力变化不均造成的，见图 2.8。

图 2.8　帽型回弹示意图

影响帽型回弹的因素有很多，主要包括材料牌号和侧壁角度两方面。

2.1.3.1 材料牌号对帽型回弹评价的影响

选取的材料为 ST06Z、440WD＋Z、590YD＋Z，工艺参数如表 2.5 所示。

表 2.5   回弹试验工艺参数

材料牌号 – 料厚/mm	拉延深度/mm	侧壁角度	工艺参数
ST06Z – 1.4			凸模圆角半径 $R = 6$ mm
440WD＋Z – 1.4	120	10°	凹模圆角半径 $R = 6$ mm 侧壁间隙 $= 1t$（$t =$ 料厚）
590YD＋Z – 1.4			压边力 $= 15$ MPa

从分析结果可知，随着材料强度级别的升高，试样开口尺寸逐渐增大，角度回弹增大，侧壁曲率半径减小，挠曲回弹增加，如图 2.9 所示。

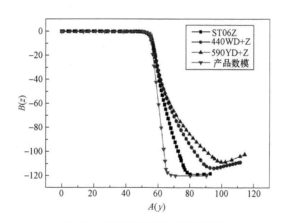

图 2.9   不同材料牌号对回弹影响

当材料卸载时弹性恢复的应变量与材料的屈服强度有关，屈服强度越大，材料在一定的变形程度时，变形区断面内的应力也越大，因而引起更大的弹性变形，所以回弹值也越大；屈服强度越小，材料抵抗弹性变形的能力越小，所以回弹值越小。如果材料的力学性能不稳定，其回弹值也不稳定。

2.1.3.2 侧壁角度对帽型回弹评价的影响

选取的侧壁角度为 5°、10°、15°，其他的工艺参数如表 2.6 所示。

表 2.6　数值模拟工艺参数

侧壁角度	材料牌号 – 料厚/mm	拉延深度/mm	工艺参数
5°	ST06Z – 1.4		凸模圆角半径 R_1 = 6 mm
10°	440WD + Z – 1.4	120	凹模圆角半径 R_2 = 6 mm 侧壁间隙 = $1t$（t = 料厚）
15°	590YD + Z – 1.4		压边力 = 5 MPa

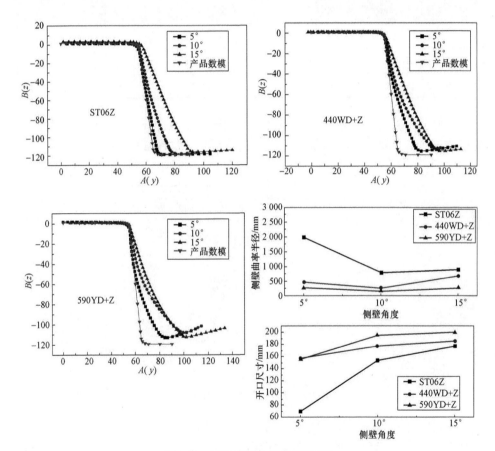

图 2.10　不同侧壁角度对回弹影响

由图 2.10 可见，对于不同强度级别的材料，随着模具侧壁角度的变化，工序件侧壁挠曲程度的规律一致。工序件开口尺寸增大，制件的角度回弹增大；当侧壁角度为 10° 时，制件侧壁曲率半径减小，挠曲程度增加，当继续增大侧壁角度至 15° 时，曲率半径增大，挠曲程度减小。随着侧壁角度的增加，拉延工序件开口尺寸增大。

2.1.4　高强钢板扩孔性能评价

扩孔和翻边开裂也是高强钢板冲压的常见问题。目前，国内外学术界已开展大量研究，剪切边开裂的边部拉深极限可通过扩孔率进行评估。

由于高强钢材料呈现明显的脆性，试验时若采用力控制法，裂纹易扩展造成试验结果异常偏大，因此保障高强钢扩孔性能精度是关键。本节进行高强钢扩孔试验时，采用数字式摄像头实时采集试验过程，对试验过程进行实时控制，当目视出现第一条穿透横截面的微小裂纹时，即停止实验，极大地保障了扩孔率的试验精度。采用锥形冲口的扩孔率试验方法，初始直径为 10 mm，扩孔凸模锥度为 60°，扩孔试验见图 2.11。

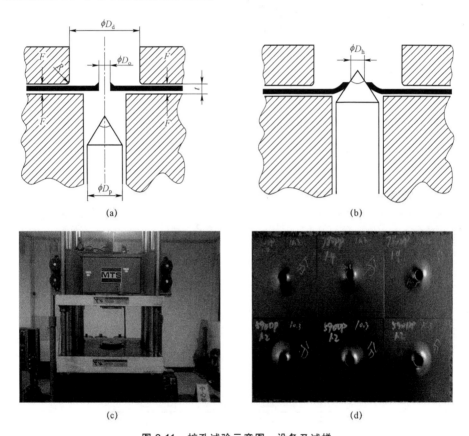

(a)　　　　　　　　　　　　　　　　(b)

(c)　　　　　　　　　　　　　　　　(d)

图 2.11　扩孔试验示意图、设备及试样

（a）扩孔试验前示意图；（b）扩孔试验后示意图；（c）扩孔试验设备；（d）试验后的试样

为提高扩孔率的测试精度，每钢种选取 6 个试样，每 3 个试样为一组，分两次做完，每次做 1 组，以最大消除试验误差。试验监控如图 2.12 所示。

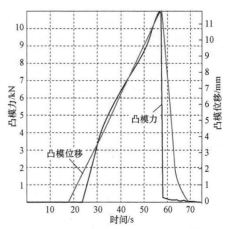

图 2.12　扩孔实时监控图像及位移 - 凸模力关系示意图

试验获得的扩孔率如表 2.7 所示。试验结果表明，与 DP600 相比，随着强度的提升，DP780 的扩孔率明显下降，与日本进口板相比，扩孔率相当。DP980GA 钢板具有较高的扩孔率，达到 28%；DP980GI 的扩孔率约为 26%。试验对比结果表明，高强板的扩孔率与进口钢板基本处于同一水平。

表 2.7　各钢种的扩孔率对比

序号	牌号	厚度/mm	扩孔率/%
1	DP980GI	2.0	25.5
2	DP980GA	2.0	28.1
3	DP780CR	1.4	31
4	DP590CR	1.4	51
5	TRIP780CR	1.5	18
6	HC700/980MS	1.6	19

试验获得的 QP980 - 1.2 mm、QP1180 - 1.4 mm、QP980 - 2.0 mm 和 DP980 - 2.0 mm 的扩孔率如表 2.8 所示，可见 QP980 和 QP1180 也具有很高的扩孔性能。

表 2.8　QP 钢的扩孔率试验结果

钢种	试验值/%				
	1	2	3	4	平均值
QP980 – 1.2 mm	31.2	28.0	31.0	29.5	29.9
QP1180 – 1.4 mm	24.2	24.4	28.5	29.5	26.7
QP980 – 2.0 mm	38.0	38.0	32.0	36.0	36.0
DP980 – 2.0 mm	33.5	31.5	31.0	32.0	32.0

高强钢和普通软钢宏观开裂形貌对比如图 2.13 和图 2.14 所示。

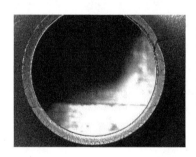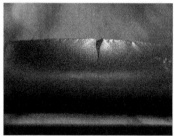

图 2.13　DP980 扩孔宏观形貌

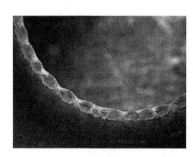

图 2.14　B280VK 扩孔宏观形貌

从 DP980 高强钢和普通软钢的宏观开裂形貌对比可以发现，软钢的扩孔形貌裂纹分布比较均匀，而高强钢板扩孔形貌裂纹数量较少，体现出突然开裂的脆性特征。

在高强钢实际应用中，针对低扩孔率导致易开裂的问题，可以从材料、零件设计、模具设计及调试等方面进行改善。

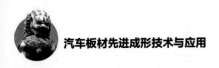

| 2.2 高强钢板冷冲压成形工艺 |

2.2.1 高强钢板冷冲压成形 CAE 分析技术

随着有限元理论及技术的成熟而发展起来的计算机模拟分析技术，使得板材成形这一几何非线性（冲压中板料产生大位移、大转动和大变形）、物理非线性（又称材料非线性，指材料在冲压中产生的弹塑性变形）、接触非线性（指模具与工件产生的接触摩擦引起的非线性关系）的复杂力学过程能够直观地展现给使用者，并在逐渐改变以往有限元技术只能解决如起皱、开裂等成形性问题的弊端，可更为准确地预测回弹问题，这对目前汽车行业因广泛应用高强钢板所造成的制件回弹和模具整改提供了有力的支持，并日益受到重视。如在前期产品设计阶段用来评价白车身零件的冲压可行性；模具开发阶段的模具价格计算、冲压工艺图及结构图设计的合理性；模具调试阶段的产品、工艺、结构相关问题分析及解决方案的验证；批量生产阶段的冲压件的缺陷分析及质量改进；同时，可用来调整材料等级，降低成本，如图 2.15 所示。此技术打破了以往凭经验设计、反复调试模具的传统工作方法，从而达到缩短生产周期、提升模具及产品质量的目的。

图 2.15　贯穿整个产品开发过程的 CAE 分析技术

在高强钢板成形中由于高强钢板的延伸率普遍低于低碳钢板，如图 2.16 所示，因此高强钢材料所适用成形的冷冲压零件以几何形状简单、拉深深度较浅的为主，否则易出现开裂缺陷。

另外，从上图得知，高强钢的屈服强度高于低碳钢板，在成形过程中所需要的压料力、成形力更大，甚至有超出冲压设备吨位限制的可能，为保证设备不在高载荷、超载荷的状态下运行，通常采取减少压料力、设置阻力小的拉延筋、多次拉延、拉延工艺改为成形工艺，以及为防止零件开裂、模具拉毛调整模具压料面间隙等手段，这些措施虽然在一定程度上保证了设备、模具的安全，但极容易产生零件的起皱。起皱缺陷若发生在零件的搭界面则影响装配，若发生在一次或二次外露面则会产生严重的客户抱怨。

再者，高强钢的抗拉强度高于低碳钢板，在延伸率相同条件下，弹性恢复量高强钢大于低碳钢，导致其回弹量更大，如图 2.17 所示。回弹的存在造成冲压件的形状、尺寸与设计之间的偏离，直接影响着冲压件的品质，包括表面品质和装配性能等，回弹也是板材冲压成形三种主要缺陷（开裂、起皱和回弹）中最难控制的一种。

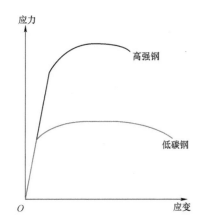

图 2.16　高强钢与低碳钢拉伸曲线对比

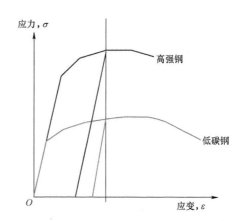

图 2.17　高强钢与低碳钢延伸率对比

2.2.1.1　回弹构成

回弹的存在主要包括平面拉伸条件下的平面应变回弹、弯曲条件下的弯曲应变回弹以及两种方式的叠加回弹。

1. 平面应变回弹

图 2.18 所示为平面拉伸状态，图 2.19 所示为板材平面位置拉伸曲线，由拉伸应力与应变关系可得公式如下：

$$e_{\text{tol}} = \frac{\Delta L}{L_0} = e_{\text{el}} + e_{\text{pl}}$$

$$\Delta e = e_{\text{el}} = \frac{\Delta \sigma}{E}$$

$$\Delta L_{\text{SB}} = L_0 \cdot \Delta e$$

$$\Delta L_{\text{SB}} = L_0 \cdot \frac{\Delta \sigma}{E}$$

式中，L_0 为原始式样尺寸；ΔL 为伸长量；ΔL_{SB} 为回弹量；$\Delta \sigma$ 为抗拉强度；e_{pl} 为塑性延伸率；e_{el} 为弹性延伸率；e_{tol} 为均匀延伸率。

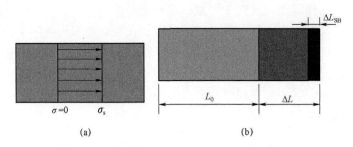

图 2.18　平面拉伸状态

（a）平面拉伸应力；（b）拉伸回弹量

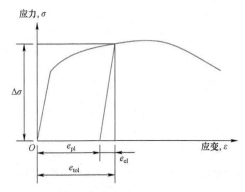

图 2.19　平面位置拉伸曲线

以某高强钢抗拉强度 630 MPa 与低碳钢抗拉强度 210 MPa 为例，举例说明平面回弹量差别如下，图 2.20 所示为某高强钢与某低碳钢材料的应力应变关系。

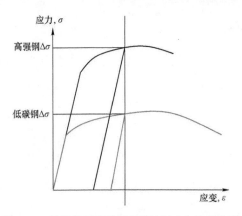

图 2.20　某高强钢与某低碳钢材料应力应变关系

假设，原始式样尺寸 $L_0 = 1\,000$ mm，拉伸伸长量 $\Delta L = 50$ mm，即均匀延伸率 $e_{tol} = 0.05$，低碳钢回弹量 $\Delta L_{SB} = 1$ mm，高强钢回弹量 $\Delta L_{SB} = 3$ mm，计算过程如下：

低碳钢 $e_{tol} = 0.05$；$\Delta\sigma = 210$ MPa；$E = 210\,000$ MPa $\Rightarrow \Delta L_{SB} = 1$ mm

高强钢 $e_{tol} = 0.05$；$\Delta\sigma = 630$ MPa；$E = 210\,000$ MPa $\Rightarrow \Delta L_{SB} = 3$ mm

由以上结果可知：抗拉强度越大，几何偏差越大；弹性模量 E 越小，几何偏差越大。

2. 弯曲应变回弹

图 2.21 所示为圆角单一弯曲成形状态，图 2.22 所示为板材弯曲位置拉伸曲线，假设纯弯曲在板料外层产生最大应力，中性层应力依然呈自由状态，由几何展开计算公式可得弯曲回弹前状态如下：

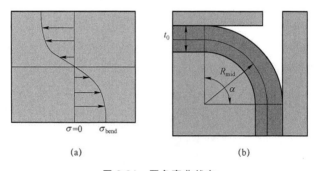

(a)　　　　　　　　　　　　(b)

图 2.21　圆角弯曲状态

（a）弯曲应力；（b）弯曲成形状态

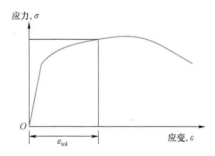

图 2.22　弯曲位置拉伸曲线

$$\left.\begin{aligned}
L_m &= L_0 = \alpha R_{mid} \\
L_{out} &= \alpha(R_{mid} + t_0/2) \\
L_{out} &= (1 + e_{out})L_0 = (1 + e_{out})\alpha R_{mid}
\end{aligned}\right\}$$

$$e_{out} = t_0 / (2R_{mid})$$
$$R_{mid} = t_0 / (2e_{out})$$
$$e_{out} = e_{out,el} + e_{out,pl} = \Delta\sigma_{out} / E + e_{out,pl}$$
$$e_{out,pl} = e_{out} - \Delta\sigma_{out} / E = (t_0 / (2R_{mid})) - (\Delta\sigma_{out} / E)$$

式中，L_m 为原始中间层长度；R_{mid} 为中间层圆角半径；α 为弯曲圆角；t_0 为板料厚度；$\Delta\sigma_{out}$ 为抗拉强度；$e_{out,pl}$ 为外表面塑性延伸率；$e_{out,el}$ 为外表面弹性延伸率；e_{out} 为外表面均匀延伸率。

当发生弯曲回弹时，如图 2.23 所示。公式推导如下：

$$R_{mid,SB} = t_0 / (2e_{out}) = R_{mid}(t_0E) / (t_0E - 2R_{mid}\Delta\sigma_{out})$$
$$\alpha_{SB} = L_0 / R_{mid,SB} = \alpha(t_0E - 2R_{mid}\Delta\sigma_{out}) / (t_0E)$$

回弹后几何偏差为：

$$\Delta\alpha = \alpha - \alpha_{SB} = \alpha(2R_{mid}\Delta\sigma_{out}) / (t_0E)$$
$$\Delta u_{SB} = L_{FL}\tan(\Delta\alpha) = L_{FL}\tan(\alpha(2R_{mid}\Delta\sigma_{out}) / (t_0E))$$

式中，$R_{mid,SB}$ 为回弹后中间层圆角半径；α_{SB} 为回弹后圆角；$\Delta\alpha$ 为圆角回弹量；L_{FL} 为翻边长度；Δu_{SB} 为翻边回弹量。

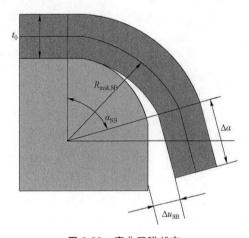

图 2.23　弯曲回弹状态

假设翻边长度 $L_{FL} = 100$ mm，弯曲圆角 $\alpha = 90°$，中间层圆角半径 $R_{mid} = 10$ mm，板料厚度 $t_0 = 1$ mm，低碳钢翻边回弹量 $\Delta u_{SB} = 6.3$ mm，高强钢翻边回弹量 $\Delta u_{SB} = 18.9$ mm，其计算过程如下：

低碳钢：$\Delta\sigma_{out} = 210$ MPa；$E = 210\,000$ MPa $\Rightarrow \Delta u_{SB} = 6.3$ mm

高强钢：$\Delta\sigma_{out} = 630$ MPa；$E = 210\,000$ MPa $\Rightarrow \Delta u_{SB} = 18.9$ mm

由以上结果知：中性层圆角半径 R_{mid} 越大，几何偏差越大；抗拉强度 $\Delta\sigma_{out}$

越大，几何偏差越大；料厚 t_0 越小，几何偏差越大；弹性模量 E 越小，几何偏差越大。

3. 平面应变与弯曲应变叠加回弹

图 2.24 所示为平面拉伸与圆角弯曲应力叠加。

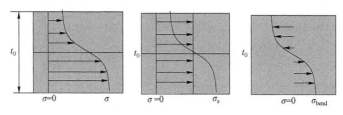

图 2.24　平面应力与弯曲应力叠加状态

假设翻边长度 $L_{FL} = 100$ mm，弯曲圆角 $\alpha = 90°$，中间层圆角半径 $R_{mid} = 10$ mm，板料厚度 $t_0 = 1$ mm，如图 2.25 所示，根据公式 $\Delta L_{SB} = L_0 \cdot \dfrac{\Delta \sigma}{E}$ 得知：

$$\Delta \sigma = 210 \text{ MPa}；E = 210\,000 \text{ MPa} \Rightarrow \Delta L_{SB} = 0.1 \text{ mm}$$

即 100 mm 高的翻边量翻边后长度变化 0.1 mm。

$$\Delta \sigma_{out} = 105 \text{ MPa}；E = 210\,000 \text{ MPa} \Rightarrow \Delta u_{SB} = 1.65 \text{ mm}$$

即低碳钢翻边回弹量 $\Delta u_{SB} = 1.65$ mm。

因此，从平面应力与弯曲应力叠加状态图和公式推导可以看出，平面应力的存在减少了弯曲应力的变化，所以弯曲应力引起的回弹能够减少，这就是我们为什么尽量去拉伸板料来减少回弹。

高强板这些缺陷的出现，尤其是回弹问题导致板料浪费、模具反复修改，从而造成模具生产周期增加、成本增加、劳动强度增加。如何迅速、准确地预测板料成形过程中可能出现的缺陷，已成为板料成形技术发展的瓶颈问题。前述的 CAE 分析软件在解决开裂、起皱和回弹等缺陷问题上已经发挥出了明显的作用。

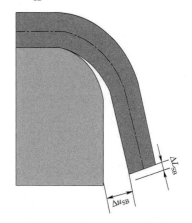

图 2.25　平面应力与弯曲应力叠加后的回弹结果

2.2.1.2　高强钢冷冲压零件 CAE 分析

目前，国际上对于高强钢冲压问题的研究理论逐渐成熟，并在实际生产中得到了很好的应用。特别是针对回弹问题解决有了极大的提升，如 2011

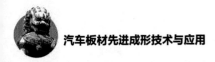

年 numisheet 大会的 benchmark3 高强钢梁回弹以及 benchmark4 U 形件弯曲回弹考题，如图 2.26 所示，各参赛队都通过 CAE 分析获得了与实际较为一致的结果。

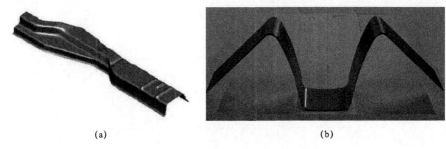

(a)   (b)

图 2.26   2011 年 numisheet 大会考题
（a）benchmark3 高强钢梁；（b）benchmark4 U 形件

下面就高强钢 CAE 分析时的注意事项提出几点建议：

（1）工具网格划分时要保证模型中 90° 的圆角处至少有 8 个网格单元，因此划分网格时需要根据模型的圆角大小来适当调整弦偏差及网格大小。另外，对于有限元分析用工具网格之间的间隙量，在型面平缓的区域允许有较大的间隙量，而对于复杂型面或圆角区间隙量应该较小，一般采用 0.05 mm。

（2）板料网格划分时既要保证产品的特征能很好地通过板料网格体现，又要保证计算时间不能过长，且不能超出 CAE 分析软件所能容纳的单元数量。针对上述问题，一般要求 90° 圆角处板料网格数量为 4 个，即 22.5°，初始单元尺寸为 20 mm。

（3）板料参数建议采用板材试验结果，以保证 CAE 分析用材料参数的准确性，尤其对于高强钢类成形性差、回弹大的零件更加重要，下面以 AutoForm 软件为例，说明材料数据卡片制作过程。

2.2.1.3   材料数据库的定制

定制材料主要分为五步，依次是输入材料名称和详细信息、设置材料弹性性能和密度参数、定义硬化曲线、定义屈服准则和定义成形极限曲线（FLC）、导出数据库文件，如图 2.27 所示。

1. 设置材料名称和详细信息

在材料名称（Material name）文本框中输入需定制材料的名称，右击

Comments 区域可在弹出的文本框中设置材料的附加信息。

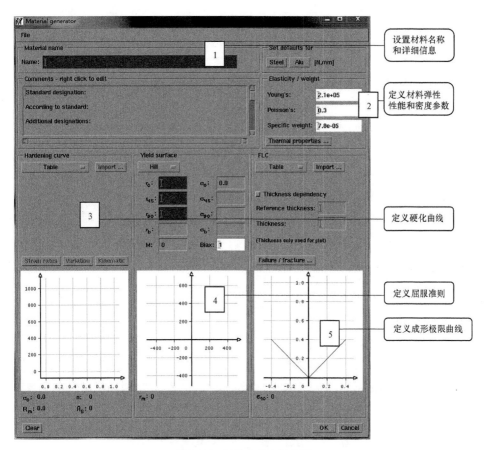

图 2.27　材料卡片定制步骤

2. 定义材料弹性性能和密度参数

AutoForm 提供了两种材料类型，分别是钢（Steel）和铝（Al），点击名称为钢或铝的按钮即可确定材料类型，同时系统会根据材料类型自动调整后续涉及的参数值，具体信息如表 2.9 所示。

表 2.9　AutoForm 两种材料的参数

材料	杨氏模量 / (N·mm⁻²)	泊松比	比重 / (N·mm⁻³)
钢（Steel）	210 000	0.3	7.85×10^{-5}
铝（Aluminum）	70 000	0.3	2.7×10^{-5}

3. 定义硬化曲线

AutoForm 提供了 8 种拟合方式，分别是：Table（表格）、Swift 模型、Ghosh 模型、Hockett – sherby 模型、Combined S – H 模型、Approximation 模型、Ludwik 模型、ThyssenKrupp TEM 模型。

下面就表格 Table（表格）、Ludwik 模型、Approximation 模型三种生成方式的定义方法进行简要说明：

（1）Table（表格）。

导入包含真实应力应变数据的数据表（塑性变形阶段），最多包含 50 组数据，数据表为 dat 格式。

（2）Ludwik 模型。

使用 Ludwik 模型，需要输入的参数有硬化指数 n、代表真实应变值为 1 时的屈服力或抗拉强度 R_m。此时应力 σ_0 会被自动计算出来。如果需要定义 σ_0，可在输入 n 值和 R_m 后再修改 σ_0。

（3）Approximation 模型。

Approximation 方式支持外部数据导入，可导入的原始数据文件包含代表应力应变的两列数据，最多可达 100 000 组。

● dat 数据生成：将应力应变曲线数据复制到记事本文件中，第一列为应变数据，第二列为应力数据，保存之后关闭记事本文件。更改文件后缀.txt 为.dat。

● 在 Approximation 方式下单击 Date，在弹出的对话框中单击 Import 导入原始数据，如图 2.28 所示。

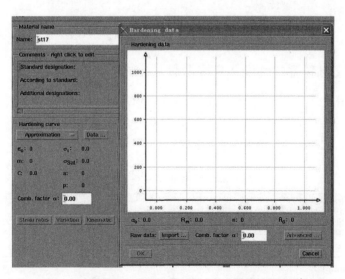

图 2.28　Approximation 方式界面

● 导入 dat 格式的原始数据，并选择导入数据类型生成拟合曲线。根据导入的应力应变组合可以单击左下角定义工程应力应变组合（Total strain）或真实应力应变组合（Eng strain/eng stress），如图 2.29 所示。

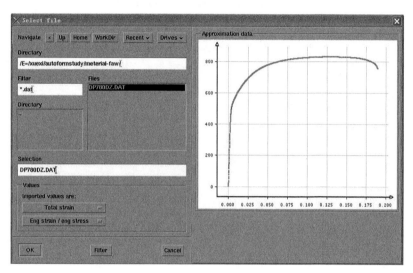

图 2.29　应力应变数据输入界面

● 单击 OK，返回上一级对话框，修改组合因子 α，钢材的默认值为 0.25，铝材的默认值为 0.75，单击 OK 生成硬化曲线。

4. 定义屈服准则

AutoForm 中使用的屈服面模型为 Hill、Barlet、BBC Steel 和 BBC Alu，各模型的适用范围和参数取值详见表 2.10。鉴于 BBC 模型能更好地描述屈服产生的过程，目前 AutoForm 冷冲压用材料数据库统一采用 BBC 模型。当 σ_0、σ_{45}、σ_{90} 三个方向屈服应力值不全时，将 r_0、r_{45}、r_{90} 三个轧制方向的 r 值代入 Hill 模型反算出 σ_0、σ_{45}、σ_{90} 三个方向的屈服应力值，最终代入 BBC 模型。

表 2.10　不同屈服模型适用范围

模型	适用范围	需定义参数
Hill	$r>1.0$ mm 的钢板	r_0、r_{45}、r_{90}、Biax
Barlet	铝板、$r>1.5$ mm 的薄钢板	r_0、r_{45}、r_{90}、M
BBC Steel	钢板	r_0、r_{45}、r_{90}；σ_0、σ_{45}、σ_{90}
BBC Alu	铝板	r_0、r_{45}、r_{90}；σ_0、σ_{45}、σ_{90}

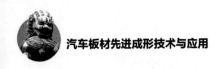

5）定义成形极限曲线（FLC）。

AutoForm 提供了定义成形极限曲线（FLC）的 4 种拟合方式，见表 2.11。

表 2.11　成形极限曲线拟合方式

拟合方法	适用范围	备注	需定义参数
Table（表格）	钢板、铝板	可导入包含主应变和次应变的两列数据，可支持最大数据对为 50 对	参考料厚
Keeler 模型	低碳钢、高强度低合金钢	不适于 DP 钢和 IF 钢	料厚
AcelorV9 模型	$R_{m,90}$ 60～1 500 MPa、料厚 0.5～3.5 mm、r_{90} 0.6～3 mm	适用于低碳钢和高强板	90°方向的抗拉强度 $R_{m,90}$；均匀伸长率 $A_{m,90}$；料厚
AcelorV9Al 模型	铝板料厚 0.5～3.5 mm	—	料厚

下面就 Table（表格）、AcelorV9 模型两种生成方式的定义方法进行说明：

（1）Table（表格）。

● dat 数据生成：将主应变和次应变两列数据复制到记事本文件中，最多可包含 50 组数据。第一列为次应变数据，第二列为主应变数据，保存之后关闭记事本文件。更改文件后缀.txt 为.dat。

● 在 Table 方式下导入.dat 格式的原始数据，生成拟合曲线。导入的原始数据必须定义参考厚度，如果实际的板料厚度和参考厚度不同，成形极限曲线将有偏移。对于普板，板料厚度为参考厚度±0.2 mm 时，可以通过输入替代料厚显示偏移后的成形极限曲线。

（2）AcelorV9Al 模型。

需要输入 90°时的拉伸数据，即 $A_{m,90}$、$R_{m,90}$ 来定义。$A_{m,90}$ 是 90°方向上的均匀伸长率；$R_{m,90}$ 是 90°方向上的抗拉强度。

拉延筋设置主要采用虚拟等效筋和真实几何筋两种方式。过去由于计算时间的限制，压料筋的模拟主要是借助于虚拟等效筋，这种模拟技术是真实几何筋的一种逼近。基于该种原因，虚拟等效筋的成形结果与实际成形结果在较长一段时间内不相符也是正常的。

虚拟等效筋模型通过施加作用在压料筋控制线上的节点力作为拉延阻力，对模拟过程中的板料进行约束，该方式将真实几何筋模型进行了简化，使具有较小尺寸特征的压料筋不参与网格划分，并且初始板料网格尺寸不用过小，从而大大减少计算时间和硬盘空间。但与采用真实几何筋模型模拟结果相比，存在较大差异，主要表现在：

- 板料流经压料筋后，在压料筋里侧的减薄率差异较大。这对于压料面上有型面的产品来说，拉延件经过切边工序后，零件在法兰处的回弹量就不能准确预测。

- 当采用内外双筋形式时，板料因严重变薄而发生的破裂缺陷也不能准确预测。分析原因为：真实几何筋模型是将压料筋作为整个有限元模型的一部分一起参与网格剖分和计算。这样可以精确地模拟压料筋的形状以及板料在经过压料筋时反复的弯曲、反弯曲变形所产生的变形抗力和因摩擦而产生的摩擦阻力后的真实应力应变状态。特别是当有双筋的情况时，板料首先流经外筋后发生变薄，再流经内筋时由于减薄率过大而发生破裂。而目前的各种虚拟等效筋模型还不能精确模拟板料在冲压过程中的力学行为，计算精度还有待提高。

基于以上原因，建议在进行前期快速工艺评审时采用虚拟等效筋，而对于精算分析及回弹分析，必须采用与虚拟等效筋系数相对应的真实几何筋模型。

摩擦系数设定值建议采用高强钢板摩擦特性实验结果。

单元类型选取上，对用于冲压工艺设计前期可行性的快速分析可采用膜单元，而对用于冲压工艺设计阶段成形性、回弹预测、回弹补偿以及表面质量问题分析必须采用壳单元。

定位夹紧设置。一般情况下，由于高强钢零件整体刚性较高，可不采用检具对应的定位夹紧位置进行约束回弹分析，只采用自由回弹分析即可。而随着高强钢板应用范围的不断扩大，一些外表面件也相继使用高强板，如采用 DP500 的门外板和发罩外板等，对于这些零件由于制件尺寸大、产品特征少，刚性相对较差，在进行 CAE 分析时，就必须根据检具对应的定位夹紧位置进行约束回弹分析。

2.2.2　高强钢板冷冲压成形工艺

为了更好地对高强钢板冲压零件进行冲压工艺规划，就必须了解残余应力、弹性恢复对制件的影响，这些因素会引起制件的回弹和扭曲。因此，采用较小的弯曲圆角、恰当的回弹补偿以及充分的板料延伸均可以有效地减小和控制回弹。另外，在进行冲压工艺设计时要尽量采用开口拉延工艺。并且严重的形状变化会引起扭曲或开裂问题，形状的变化应该是渐进的。图 2.30（a）所示为凸型翻边，翻边后的翻边长度小于初始长度，属于多料翻边，产生聚料，如图 2.31 所示；图 2.30（b）所示为凹形翻边，翻边后的翻边长度大于初始长度，属于少料翻边，易产生开裂，如图 2.32 所示。

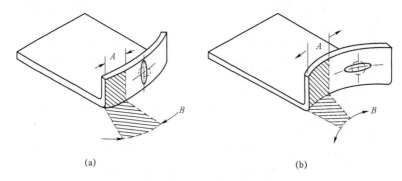

(a)　　　　　　　　　　　　　　(b)

图 2.30　翻边状态图
（a）凸型翻边；（b）凹型翻边

图 2.31　翻边聚料

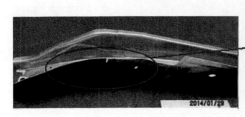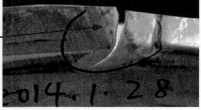

图 2.32　翻边开裂

　　对于高强钢梁类件的拉延工艺设计，尽量保证拉延深度一致，保证拉延过程凸模同时接触板料，以避免制件扭曲。而对于拉延深度存在变化的零件，压料面的高度在浅截面位置要高于普通低碳钢以满足深截面侧对于材料流动补充的需求，即尽量将产品特征在一道拉延工序上做出，避免加工硬化特性导致后工序的开裂、起皱问题。另外，随着高强钢强度的增加，其延伸率在降低，若仍然采用拉延工艺对成形不利，此时应考虑采用拉延改成形工艺，同时也可大幅提高材料利用率。高强钢的拉延筋在角部不应设置为封闭形式，而应设置为燕尾形以尽量减少角部的聚料，如图 2.33 所示，且筋形最好采用拉延槛的形式。

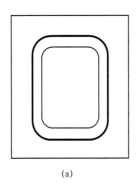
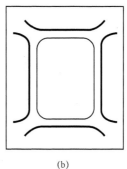

(a) (b)

图 2.33 角部压料筋形式

(a) 封闭式; (b) 燕尾式

在翻边整形工序上必须预留出对于侧壁、翻边面以及法兰面等重要搭接部位的回弹补偿内容, 必要时可采用斜楔翻边。一般情况下, 对于低碳钢的侧壁补偿量在 3°, 高强钢的在 6° 甚至更大, 这就要求产品设计时要预留出足够的角度用于翻边补偿。另外, 翻边镶块的圆角和翻边间隙同样影响制件回弹, 圆角越小, 侧壁回弹量越小, 一般认为较为合适的圆角值为 1 到 2 倍的板料厚度, 翻边间隙不应超过板料厚度。图 2.34 所示为控制侧壁回弹的几种方式。

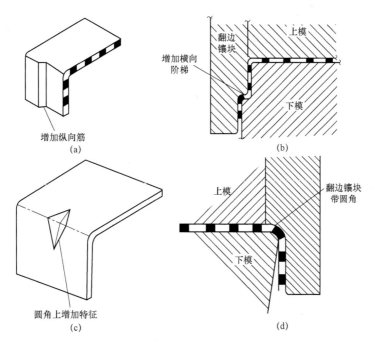

图 2.34 侧壁回弹控制方式

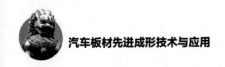

|2.3 高强钢板冷冲压成形模具设计及调试|

随着钢板强度的增加，n 值、硬化系数、延伸率与低碳钢相比都有所降低。n 值的减小会导致零件更易在局部产生急剧减薄，因此，产品设计和模具开发中必须注意到高强钢的特殊性，以满足冲压要求。

对于大多数高强钢零件设计时基本采用翻边成形、浅拉延或者开口拉延等工艺，此种方式主要是尽量保证材料是处于弯曲和拉伸状态，最大限度地减少封闭区域的压缩。为保证上述要求顺利实现，必须有产品开发人员、冲压工艺设计人员以及高强钢板料供应商的紧密合作，早期的 EVI 工作可最大限度地避免产品设计问题。对于高强钢梁型件，法兰面及侧壁的回弹高于低碳钢。因此，冲压工艺一般建议产品在设计时给予后期侧壁过弯补偿空间，适当减小弯曲圆角，增加固化特征，或者在主型面增加形状筋避免扭曲等。

具体控制回弹的方法主要有：过弯法、模具补偿法、拉弯法和加压校正法等。

过弯法和模具补偿法是根据弯曲成形零件卸载后的回弹趋势和回弹量的大小，通过几何补偿回弹的方法，过弯法是通过改变凸模行程，使零件得以过量弯曲，借此使回弹后的零件形状符合精度要求的补偿方法。

模具补偿法是在模具设计时预先考虑弯曲件的回弹，修改模具尺寸，使生产出的弯曲件在回弹之后精度达到预期要求。对于自由弯曲，一般可以采用过弯法实现回弹补偿；对于闭式弯曲，往往需要将两者很好地结合起来，实现回弹的补偿。

拉弯法是在零件弯曲时施加拉力，改变弯曲零件的应力状态和分布情况，使弯曲中性层内移，减小卸载后内外层回弹叠加的趋势，从而可以显著减小弯曲回弹。

加压校正法是在弯曲过程结束后以附加压力校正弯曲变形区，使受压区沿切向产生拉伸变形，卸载后拉压两区的回弹趋势相抵，可减少回弹。对于曲率很小的弯曲件，由于弯曲件塑性变形不充分，回弹很大，采用过弯法和模具补偿法不能很好地控制弯曲件各段回弹的均匀性，这就要求同时采用拉弯法来减小回弹的大小；而对于局部曲率很大的弯曲件，回弹很小，预测精度较差，往往需要同时采用加压校正法来控制回弹。

2.3.1　高强钢板冷冲压成形模具结构

材料强度的提升，使冲压成形力、冲裁力增加，模具在调试过程中会发生镀层剥落、拉延圆角严重划痕、模具型面突出部分开裂、切边刀口崩刃和磨损，以及冲头折断等不良现象。这些缺陷降低了模具的使用性能。因此，结构设计采取以下措施。

2.3.1.1　拉延模具设计

凸模、凹模、压料圈均采用 SKD11 或 Cr12MoV 材质的分镶块结构，镶块设计时考虑增加加工、调整的余量，模具镶块增加四周靠台结构，详见图 2.35、图 2.36 模具结构。由于其需要的成形力大，零件与模具的摩擦阻力加大进而发生黏着，造成零件严重拉毛和模具表面损伤，使修模次数增加，因此镶块进行了 TD 处理一种模具表面超硬化处理技术。

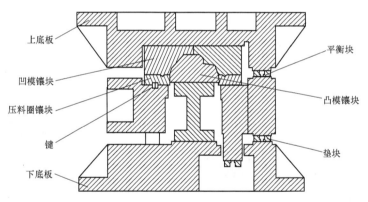

图 2.35　拉延模具剖面图

图 2.36　拉延模具三维图

2.3.1.2 修边模具设计

工作部分采用分块结构，选用合金钢 Cr12MoV 材质，为了减少模具维修的次数，切边模的最大修边角度不大于 10°，模具间隙是料厚的 7%～10%。镶块全部增加靠背，增加定位键，承受侧向力。镶块高宽比低于普通板材模具，由于板材性能硬脆，还考虑了废料防飞溅，详见图 2.37、图 2.38 模具结构。

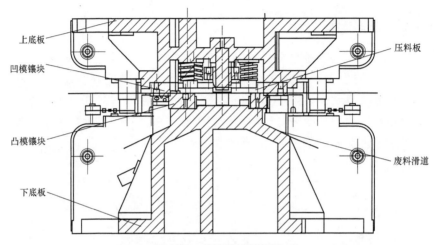

上底板
凹模镶块
压料板
凸模镶块
废料滑道
下底板

图 2.37　修边模具剖面图

图 2.38　修边模具三维图

2.3.1.3 翻边整形模具设计

工作部分采用分块结构，选用合金钢 Cr12MoV 材质；整形凹模镶块采用包凸模圆角结构，可以更好地控制立壁回弹；使用基准孔定位，可以更准确地调整回弹。翻边或整形模的凸模圆角应尽可能小，以减小侧壁的回弹。一般高强度板冲压会发生约 6°的回弹，对于拔模角小的零件，增加斜楔整形。整形模具充分考虑了工作镶块的强度，增加靠背和定位键来承受侧向力，对零件关键质量控制点使用活块结构，方便磨损后更换，详见图 2.39、图 2.40 模具结构。

2.3.2　高强钢板冷冲压模具调试

拉延模具试模期间大量的堆焊将导致软化区、脆性区和残余应力区的存在，从而降低模具的使用性能，且 SKD11 和 Cr12MoV 热处理后不容易加工，所以前期先使用 ZG45 的替代镶块调试，调试稳定后更换为正式镶块。

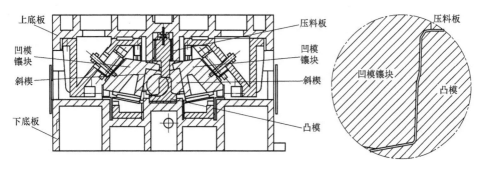

图 2.39　翻边整形模具剖面图

图 2.40　翻边整形模具三维图

在拉延模的调试过程中，凸凹模间隙的可靠与否直接影响着拉延件的质量。若调整不当，在间隙大的一侧，拉延件的侧壁容易起皱，甚至在周边会出现波浪形缺陷，而在间隙小的一侧则会由于受到过度挤压而造成局部板材过薄，增大拉伸力，导致工件拉裂。此外，不均匀的间隙还可能导致拉延件侧壁上产生拉痕。

由于高强板成形系数低于普通低碳钢板，因此成形后会有成形不充分状态，首先确定制件顶面是否到底，如果不能完全到底，将会影响制件检测稳定性。

压料面状态不好会造成材料在成形时各点的进料速度不同，从而影响成形状态，因此应该对压料面进行研磨，保证压料面 90% 以上着色。

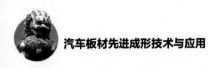
| 2.4　典型高强钢板冷冲压成形零件案例分析 |

2.4.1　某车型侧围加强板案例分析

某车型在设计过程中，侧围加强板采用六块不等厚高强板全封闭式结构激光拼焊。该设计可以提高整车侧向碰撞能力，降低自重，优化零部件匹配状态，体现车型设计先进性。

但在冲压生产准备过程中，开裂和回弹始终是困扰零件合格率的难题，特别是开裂问题，严重影响着生产准备进度。

2.4.1.1　零件特性介绍

该侧围加强板的零件形状比较复杂，如图 2.41 所示。

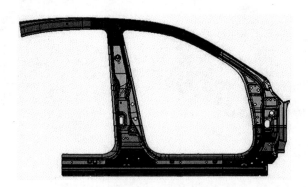

图 2.41　某车型侧围加强板产品图

它的最大特点在于：不等厚高强板激光拼焊、全封闭结构，零件尺寸为 2 115 mm × 1 229 mm，重达 15.5 kg。

（1）材料特性。该侧围加强板由六块板料拼焊而成，板料厚度为 1.4～2.0 mm 不等，材质为 ST280、590R、TRIP600、TRIP800。

其中材料强度最低的为 B 柱部位使用的 ST280DZ－60/60，屈服强度 $\sigma_s \geqslant$ 354 MPa，抗拉强度 $\sigma_b \geqslant$ 461 MPa，延伸率 $\geqslant$ 39%，厚度为 2.0 mm；材料强度最高的 TRIP800，屈服强度 $\sigma_s \geqslant$ 508 MPa，抗拉强度 $\sigma_b \geqslant$ 913 MPa，延伸率 $\geqslant$ 22%，厚度分别为 1.5 mm、1.6 mm 两种材质。

总体讲，构成本零件的材料具备以下特点：

● 材料性能差异较大。特别是材料的屈服强度和延伸率，在拉延工序中必须解决材料成形的均衡问题。

● 门槛部位的深拉延区域材质为 TRIP800，延伸率低，存在成形开裂的风险。

（2）装配关系。本零件作为整车上侧围总成中强度最高的骨架零件，决定着整个侧围总成的精度。制件外侧与侧围外板搭接，尺寸偏差不但会影响表面质量，还会造成侧围总成整体精度偏差。制件内侧与各种加强板焊接后再与整体拼焊结构的侧围内板合成框架结构保证整车安全性。与加强板的焊接间隙是保证总成强度的关键。产品要求型面公差为±0.5 mm，对于关键装配面（铰链安装面、加强板焊接面等）必须保证装配 0～0.5 mm 的间隙要求。

2.4.1.2　产品优势分析

整体封闭拼焊结构的侧围加强板，相对于多个小零件点焊合成的侧围加强板总成具有整车减重、总成强度高、尺寸相对稳定、提高材料利用率、大幅度降低生产设备总吨位、减少工装数量、降低生产成本、减少生产准备的匹配时间等优势，保证了自主车型设计的先进性。

（1）提高整体制件强度。板材拼焊后整体成形，使用成形前的激光焊接替代多个零件成形后的点焊，在增加焊接面积的同时也使整体结构更加合理，提升总成整体强度。另外，成形的过程也验证了拼焊缝质量的可靠性。

从效果看，激光拼焊强度相对于传统的点焊工艺，焊接强度提升 30% 以上。

（2）车身轻量化。采用激光拼焊板可以给汽车制造业带来巨大的经济效益，如车身装配中的大量点焊，把两个焊头夹在工件边缘上进行焊接，凸缘宽度需要 18 mm，而激光拼焊板无须搭接，点焊改为激光拼焊技术可以节省钢材，拼焊板的数量越多节省钢材越多，该侧围加强板采用 6 块板料拼焊而成，车身减重 0.927 7 kg。

（3）降低生产成本。采用激光拼焊板可以从多方面降低白车身成本，如减少模具投入，降低产品的消耗定额，减少焊装夹具，虽然拼焊结构增加了拼焊成本，但仅节省的材料消耗价值就基本与之相当。

（4）提高生产效率。冲压领域，分体结构冲压生产效率为 1 件/20 冲程，拼焊结构冲压生产效率为 1 件/4 冲程。焊接领域，传统点焊焊接两片 0.8 mm 的钢板冲压件，平均是 20 点/min，焊距是 25 mm，速度则为 0.5 m/min，这会耗费相当的时间，采用激光拼焊板替代点焊工艺后可以大量节省所需时间、焊接质量得到质的提高。

（5）保证总成尺寸精度。零件数量的减少，以及随之而来的生产设备和制造工艺简化，降低了整车制造及装配成本；由于产品的不同零件在成形前即通过激光连续焊接工艺焊接在一起，因而提高了产品的精度，该车型采用 6 块板料拼焊，省去了焊装焊接 6 道工序的装配误差，大大保证了总成的尺寸精度。

2.4.1.3　工艺方案制定

在冲压工艺设计阶段，工艺方案为：拉延—修边冲孔—修边斜修边冲孔斜冲孔—翻边整形冲孔。受成形力限制无法实现一模双件的生产方式，左右件共八套模具。在工艺方案确定的过程中，以突出改善成形性能作为中心点，尽可能做到降低成形力、提高尺寸稳定性。

（1）拉延工序要点。成形性能的改善：优化门槛的内侧圆角部位，降低开裂风险，同时消除 B 柱下端起皱，保证制件表面质量。

（2）拉延筋及压料面的设置要素。高强度板冲压零件的拉延工序设计传统结构的拉延筋很难获得满意的效果，主要原因有以下几个方面：① 高强度板成形抗力大。② 难以保证压料面贴合。③ 拉延筋形状残留影响制件质量。

针对这些问题，我们采取以下对策：① 尽可能不采用压料筋。② 采用了翻边方式的拉延筋结构。③ 压料面尽可能利用产品造型。④ 压料面尽可能利于材料流入。⑤ 尽可能减少拉延深度。⑥ 尽可能保证有效压料强度。

（3）修冲工序要点。修边冲孔工序通常被认为只要在模具制造中选择高硬度、高耐磨性材质的刃口材料，其他方面与普通的修边工序没有太多的区别，其实不然。在修冲工艺内容确定时，除一般原则外，还应侧重考虑以下问题：① 拼焊缝两侧 25 mm 内不能有镶块接缝。② 合理的冲压方向保证刃口强度。③ 合理分配工序内容，保证镶块紧固可靠。④ 回弹对最终制件尺寸的影响。

（4）翻边整形工序要点。通常结构会选用斜楔整形，这样可以获得更大的整形空间，把制件整形到产品形状。这种整形方式在普通板料零件工艺中被广泛采用。但对于高强度板零件（特别是 TRIP800 这样的高强钢）由于斜楔侧整形无法形成有效的塑性变形，对回弹的控制效果不理想。对于高强度板零件，直整形的效果明显好于侧整形。

高强度板零件由于在拉延成形过程中变形不充分、不均匀，各个位置都存在回弹变形的可能，且这种回弹的方向不确定。鉴于这种情况，为了在模具调试时拥有更大的调整空间，应尽可能对整个零件形状进行整形设计。

2.4.1.4　调试过程中制件的主要问题及对策

制件首次上检具检测，主要存在以下几方面的问题，如图 2.42 所示。

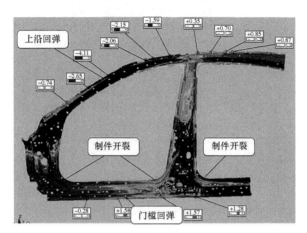

图 2.42　制件缺陷分布图（见彩图）

（1）侧围加强板 B 柱后段悬臂整体扭曲。主要是模具型面补偿量预估不足造成的。成形后局部向下扭曲，实际调试过程中，根据检测结果确定区域回弹量后，对成形镶块进行型面补充，减小整形角度成功地解决了制件回弹量。

（2）A 柱、B 柱下部褶皱大。由于高强度板屈服极限高，从工艺上考虑，为降低门洞 R 角开裂风险，拉延工序门槛外侧拔模角度由 10°增大为 18°，增大了门槛外部向内的走料量，成形过程中，门槛外侧材料流动过快，导致板料厚度增加，产生褶皱，这个问题在前期预估值不足，通过增加产品工艺凸包，加大门槛外侧压料状态可以很好地解决此问题。

（3）门洞上沿型面尺寸波浪。主要是由成形过程中材料塑性变形不充分造成的，随前后形状材料有受拉、受压趋势的不同而回弹量也不一致，这个问题通常通过调整成形的预回弹角、成形镶块型面补充就可以很好地解决，但是由于该侧围加强板尺寸偏大，材料强度偏高，相邻材料强度差异大，通过以上常规的方法进行了两轮整改，没有完全消除门洞上沿型面尺寸波浪。

根据白光扫描结果，在后续凸模上进行型面补偿，在凹模 R 角上安装整形镶块，通过整形镶块对 R 角部的塑性变形控制型面回弹，相当于增加了一序整形功能，问题得到了根除。

（4）制件开裂调整。该车型前期现场调试中，侧围加强板制件基本能够正常出件，制件开裂问题也是由拼焊缝质量造成的；后期新板料到货后，开始出现制件拉延 100% 开裂的问题，开裂区域如图 2.43 所示。

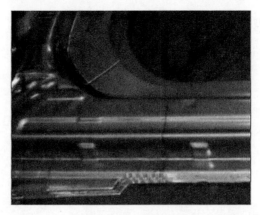

图 2.43 制件开裂图示

调试过程中，由于开裂的板料采用的工艺全是落料，未开裂的板料采用的工艺是激光切割或数控铣，二者最大区别在于工艺的不同造成板料断面不同。

落料后的板料断面放大图如图 2.44 所示。

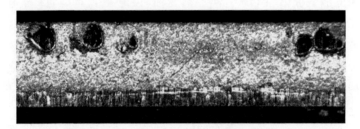

图 2.44 放大（40 倍）的冲裁断面缺陷

冲裁断面与激光切割断面对比如图 2.45 所示。

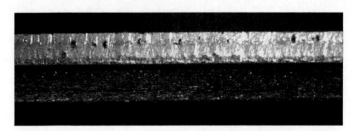

图 2.45 上：冲裁断面；下：激光切割断面

通过两种工艺对比板料断面，可以看出钢板冲裁落料工序会导致边部材料严重变形和加工硬化，并会在边缘部位造成肉眼不可见的微裂纹。

冲裁试样与机加试样性能对比如图 2.46 所示。

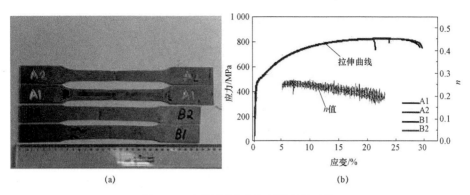

图 2.46　冲裁试样与机加试样性能对比

（a）试样对比图；（b）性能对比图

根据现场调试经验可知，材料延伸率（扩孔率）和冲裁断面质量是产生制件开裂的根本原因，通过板料试验验证，TRIP800 板材的材料扩孔率与冲裁断面质量有直接的关联，因而通过对板料断面的二次加工，从根本上解决了制件开裂问题。

2.4.1.5　案例总结

通过对该车型侧围加强板工艺特点的分析，以及在生产准备期间对制件扭曲、开裂、回弹等问题的研究，明确了高强钢模具结构要求，规范了高强钢激光拼焊板工艺设计参数，为后续车型前期工艺和结构设计阶段的预回弹控制提供参考数据。

2.4.2　某车型 B 柱加强板模具的设计与调试

某自主车型的 B 柱加强板采用高强钢材料，生产准备中遇到回弹、开裂等诸多问题。

2.4.2.1　制件特性介绍

该车型 B 柱加强板的制件形状比较简单，如图 2.47 所示。

这一零件的形状比较简单。它的最大特殊点在于其材料特性以及装配要求。

（1）材料特性。制件材料为 980Y，料厚为 2 mm，屈服强度（$R_{p0.2}$）为 550～730 MPa，抗拉强度（R_m）≥980 MPa，延伸率（A_{80}）≥8%。这些材料性能指标远高于普通冲压用板材，采用冷冲压生产如此高强度的材料，在国内还是首次。

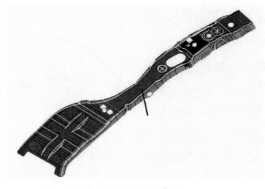

图 2.47　B 柱加强板

（2）装配关系。B 柱加强板是装配在侧围加强板内的加强零件，通过腹面、翼面点焊连接起到整车侧向抗碰撞能力加强的作用，点焊面的匹配间隙要求为 $0 \sim -0.5$。

（3）质量要求。作为重要保安制件，冲压件不得有缩颈、叠料等潜在断裂缺陷。

2.4.2.2　冲压工艺要点分析

该制件冲压工艺难点在于：

（1）在拉延（或成形）后，制件两个翼面的回弹问题如何控制？

（2）角部由于聚料问题是否会造成制件褶皱或严重回弹？

（3）由于材料屈服强度高，如何保证腹面焊点位置的型面精度？

（4）制件局部形状窄，斜楔修边难以保证模具刃口强度和寿命，如何避免斜楔修边问题？

工艺难点的具体位置如图 2.48 所示。

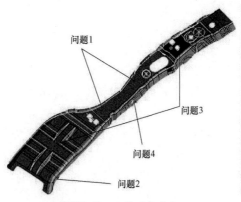

图 2.48　工艺难点分布

2.4.2.3　初步冲压工艺方案分析

在冲压工艺设计阶段，一共提出了 5 种方案，下面逐个分析其工艺着眼点和优缺点。

（1）工艺方案 1：简单成形Ⅰ。采用简单成形工艺，工艺方案为：落料—成形（带辅助压料）—冲孔。左右件仅 3 道工序 5 套模具即可完成，如图 2.49 所示。

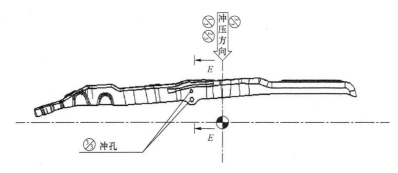

图 2.49　工艺方案 1 示意图

这一工艺方案的特点是简捷，符合项目降成本要求，但难点在于以下几个方面：① 成形过程中材料定位是否可控（将来生产中边高的稳定性）？② 成形时上压料装置只能起到顶出作用。③ 下模压料对于控制材料走料趋势能起到多大的作用。④ 所选设备必须具备拉伸垫锁止滞后功能，否则零件变形。

（2）工艺方案 2：拉延。拉延成形方案，工序分别为：落料—拉延—修边冲孔斜修斜冲—斜修。左右件工序要 7 套模具完成，如图 2.50 所示。

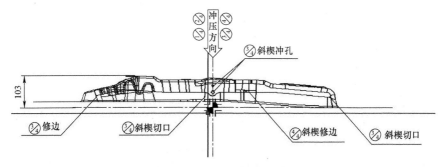

图 2.50　工艺方案 2 示意图

这一方案的优点在于采用拉延工艺，角部聚料问题会得到控制，同时对翼面质量也有较大改善。但是这一方案存在的最大问题就是出现了应极力避免的斜楔修边问题。另外，还存在以下几方面问题：① 材料流入凹模口的变形将会以回弹的形式体现在最终制件上（这样的材料不可能实现充分的塑性变形），从模拟结果上也可以看到材料的变形程度与方案 1 并无多大差别。② 仍没有克服拉伸垫必须带锁止滞后功能的问题。

（3）工艺方案 3：拉延翻边。拉延翻边工艺方案，工序分别为：落料—拉延—修冲—翻整—斜冲，共 5 道工序 9 套模具，如图 2.51 所示。

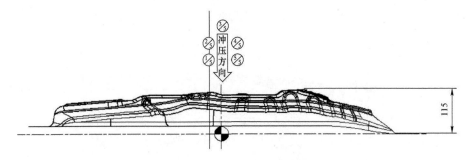

图 2.51　工艺方案 3 示意图

这一方案的优点是避免了斜楔修边造成刃口强度难以保证的问题。与前几种方案相比其最大的缺点是翻边整形工序的可行性，对于高强度板翻边，必然要克服非常大翻边力对模具造成的伤害问题，同时翻边后制件拉延圆角线必然存在缺陷、回弹，势必严重影响点焊面的匹配质量。同时这一方案没有解决掉方案 2 中拉延工艺的潜在问题。

（4）工艺方案 4：半拉延Ⅰ。这一方案主要针对斜楔修边带来刃口强度不足和尾部圆角成形聚料问题而提出，工序分别为：落料—拉延—修边冲孔—斜楔修边冲孔，共 4 道工序，左右件 7 套模具，见工艺简图 2.52。

最大特点是尾部通过落料增加了压料，使之形成拉延工艺，上部落料直接成形回避斜楔修边时刃口强度不足问题，同时利用落料形状避免圆角部位的斜楔修边问题。这一方案似乎较好地解决了前面几种方案的问题，但是：① 增加的三个压料部位是否能控制走料，将角部的成形原理改变为拉延成形？② 仍存在拉延需要闭锁滞后功能。③ 材料利用率明显降低。

（5）工艺方案 5：半拉延翻边Ⅱ。利用落料使两端按照拉延成形的原理成形，中间部分在拉延后期脱离压料面，直接成形。工序分别为：落料—拉延—修冲—斜修冲孔—斜修斜冲整形。共 5 道工序 9 套模具，如图 2.53 所示。

这一方案类似于方案 4，克服了材料利用率低的问题，但没有解决斜楔修边等问题。

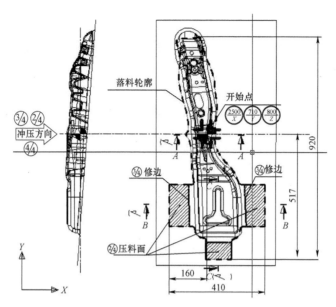

图 2.52　工艺方案 4 示意图

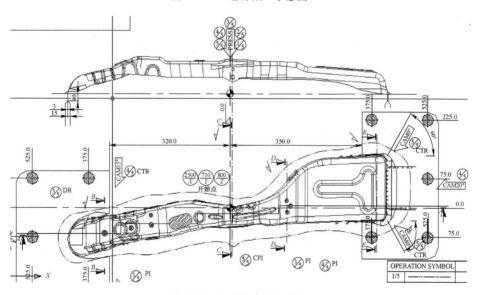

图 2.53　工艺方案 5 示意图

这 5 种方案都不理想。其中突出的问题有几个方面：① 抗拉强度为 980 MPa 的高强度板是否可以拉延？虽然从模拟结果看开裂趋势一致，但对压料力、成形力和回弹影响将非常大。② 斜楔修边将严重影响生产稳定性和维护难度。③ 如果在生产中出现回弹波动，将如何控制？④ 毛坯在成形过程中的定位问题如何解决？

针对以上存在的几个问题，我们认为 980Y 这种材料难以采用拉延工艺完成，即使在拉延过程中没有出现材料开裂问题，也很难获得拉延工艺所期待的材料充分塑性变形带来的制件形状稳定等特点，因此，完全放弃拉延方案，在成形方案中进行优化，采用整形工序控制后期回弹，最终在两种方案中进行选择。

（6）工艺方案 6：成形方案 Ⅱ。纯成形工艺方案 Ⅱ，工序内容分别为：落料—成形—斜楔整形—冲孔/斜冲。共 4 道工序 7 套模具，见工艺简图 2.54。

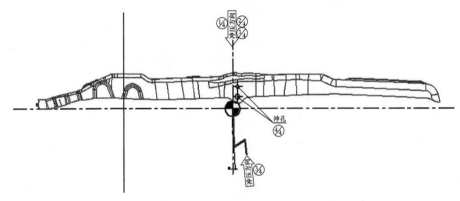

图 2.54　工艺方案 6 示意图

这种工艺的特点在于完全取消了修边工序，增加了整形工序，通过斜楔对两侧翼面回弹可以进行后期控制。存在缺点：① 成形过程中材料攒动问题虽较前 5 种方案都有改善（可以使用拉伸垫压料），但仍不能从根本上克服攒动问题。② 制件聚料位置的起皱趋势只能靠材料变厚来吸收，可能存在起皱或波浪。③ 斜楔侧整形如果不同步（绝对同步仅仅在理论上可以做到）将影响模具寿命。

（7）工艺方案 7：成形方案 Ⅲ。纯成形工艺方案 Ⅲ，工序内容分别为：落料—成形—整形—整形—冲孔/斜冲。共 5 道工序 7 套模具（OP30/OP40 整形采用一模双槽）。这一方案与方案 6 的差别在于使用 2 次直整形取代斜楔整形，以克服斜楔不同步带来的侧向力问题，如图 2.55 所示。

这个方案较工艺方案 6 在整形方面存在定位困难的问题，同时工序数也增加了。

（8）成形模拟的结果。通过对成形、拉延工艺的模拟分析，显示材料的变形结果相似，材料变形都非常不充分，局部位置存在严重材料变厚趋势（残余应力造成制件回弹），如图 2.56 所示，因此我们决定采用成形工艺消除斜楔修边给将来的生产维护带来的风险。

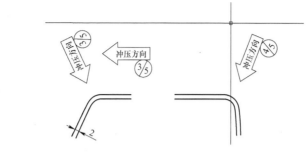

图 2.55　工艺方案 7 示意图

图 2.56　回弹模拟分析结果

可以预见成形后的制件将存在严重的回弹问题，整形工序是十分必要的。

（9）冲压工艺最终选择。通过这些方案对比，需要从方案 1、6、7 中选择一个。下面我们重新对比一下这几个方案的风险和在模具调试中的对策。

方案 1（翻转成形方面，取消外压料）最大的问题在于回弹的控制完全依靠成形模具的预回弹角，在最终的回弹控制方面缺少手段。

方案 6 的整形可以做成过整形然后回弹到要求的尺寸，灵活性更大一些，在生产中通过整形闭合高度调整控制回弹量，必要时也可以实现局部的侧形状整形。

方案 7 的整形依靠角部的塑性变形控制回弹，一方面整形定位困难，另一方面对局部形状回弹控制缺少灵活调整的手段。

最终通过均衡，决定选用方案 6。

2.4.2.4　高强钢模具结构加强的考虑点

确定工艺方案以后，针对模具结构方面我们进行了进一步的探讨。

1. 如何控制拉延过程中材料攒动的问题？

① 采用托杆压料以后，对于材料攒动会有一定的控制，但是材料最初放在下模上时并不是平整的，只靠拉伸垫压力不足以使材料腹面成形，形成稳定的压料。这一问题有待于调试验证。② 如果在成形过程中材料攒动量不能满

足零件边高公差要求，考虑在压料板凸面上增加麻点销压料。③ 成形工序采用封闭定位结构，保证在腹面完成部分成形前材料不发生攒动，避免由于下部翻边产生的成形力不均带来材料攒动。

2. 如何控制制件回弹？

① 成形工序采用工艺镶块进行成形试验，以便确定回弹角的补偿，避免正式镶块报废带来过大损失。② 凹模镶块带出制件圆角部分，尽可能使圆角产生充分的塑性变形，以控制回弹。③ 压料板成形面采用合金钢镶块结构，保证腹面成形充分。④ 整形工序在满足控制回弹要求的前提下，做凸模空开，以便实现通过整形模深度调整控制回弹量。

3. 如何解决模具寿命问题？

高强度板模具寿命问题是最关键的问题，主要体现在模具整体强度和工作部分的耐磨性能方面。

① 成形模具的强度问题。在压料板最终压死的受力点位置设置墩死面而非常规模具采用的墩死块结构，完全与受力位置相对应，杜绝任何悬臂结构。上模对应部位也完全为实体。使模具的承压面大幅提高。② 模具耐磨性问题。通过采用 Cr12Mo1V1 镶块并进行 TD 处理来满足高耐磨性的要求。③ 优化凹模圆角减小进料阻力，降低凹模口的磨损。抛物线凹模圆角可以改变材料进入凹模的流动状态，降低模具磨损和成形力。

2.4.2.5 调试中遇到的问题及对策

模具在制造、调试中遇到了一些问题，有些是前期预见到的，还有一些是前期没有预见到的。

（1）材料攒动问题。在模具投入调试后，成形过程中的材料稳定性一直很好，最初担心的材料攒动问题没有发生，在整个调试过程中始终能够保持良好的定位稳定性。

（2）工艺镶块替代问题。制件回弹是意料之中的，但对于回弹量的确定方法，按照计划应该是在正式镶块投入前采用 45# 材料制造工艺镶块，确认回弹量，再通过对工艺镶块的修正（改进后的数模加工）直至制件回弹得到控制，满足最终要求后，再加工正式镶块，以保证模具正式镶块一次到位。在实际过程中却不是这样。

● 工艺镶块没有起到预期作用。工艺镶块材质为 45#，为了在确定加工数模过程中便于加工，镶块为淬火前状态。在使用工艺镶块调试过程中，受镶块硬度影响，试压的制件轮廓尺寸波动很大，无法确定修改量。

● 采用同一加工数模正式镶块淬火后调试制件与工艺镶块出件差别大。采用正式镶块按照数模加工并直接淬火，保证镶块硬度再进行调试时发现与工艺镶块的调试结果差别很大。工艺镶块调试时回弹量为 4～6 mm（单侧），根本无法使用检具直接测量，只能对照测量，必须经过手修才能供前期装车使用；正式镶块淬火后出件回弹量在 1.5～3 mm（下部回弹量大），除个别点与检具干涉（需要修正）外，可以直接使用检具测量。这个现象对于我们前期拟定的"工艺镶块确定回弹量"方案提出了质疑。

● 通过对问题的总结发现导致这一问题的最主要原因是工艺镶块硬度不足，特别是 45#这种材料淬透性差，基体硬度不足，不能满足高强度板的成形需要，而直接使用 Cr12Mo1V1 淬火后硬度极高，给机加工修正带来很大不便。最终决定使用 Cr12MoV 调质（HRC50～55）作为工艺镶块，既有良好的强度又不至于因为硬度高而造成加工困难。

（3）整形模的作用。在调试过程中整形模具一直没有起到预期的作用，主要原因是材料过硬和整形边短（产品形状），在整个调试过程中，整形模对制件回弹的控制没有起到作用，回弹问题一直靠成形模具预回弹来解决。

通过生产经验可得出一个结论：对超高强度板零件采用整形控制回弹是没有意义的，已经成形的零件整形抗力巨大，形状稳定，只能在成形中一次把制件做好。

（4）制件的主要缺陷及对策。制件首次上检具检测，主要存在以下几个方面问题，如图 2.57 所示。

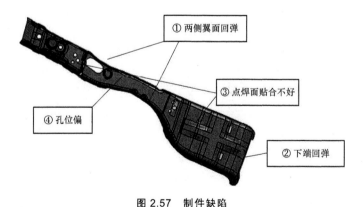

① 两侧翼面回弹
③ 点焊面贴合不好
④ 孔位偏
② 下端回弹

图 2.57 制件缺陷

● 两侧翼面回弹问题。主要是由成形过程中材料塑性变形不充分造成的。随翼面形状材料有受拉、受压趋势的不同而回弹量也不一致。在这方面产品设计时已经充分考虑到这个问题，需要保证的位置仅仅是点焊需要的个别平面，不需要保证制件整体翼面尺寸。这个问题可以通过成形的预回弹角控制。

● 下端回弹。在装配中与 T20 制件干涉，回弹量为 4～5 mm，与检具干涉，无法确定超差数值。这个问题在前期预计不足，一般冲压件成形后开放或直线部位回弹严重，较小的封闭形状区域回弹比较小，与这次表现出来的现象相反。经过分析，主要是由高强度板屈服极限高、材料变厚困难、角部材料堆积后产生的残余应力释放所致。仅仅靠回弹角控制可能存在一定困难，必要时需要考虑产品更改，增加吸料的筋来解决残余应力问题。

● 点焊面与 T20 贴合不好。这个纵向回弹问题在工艺阶段就有预计，从实际结果来看，纵向回弹没有预想的严重，在材料成形过程中，相对腹面产生的内部压应力和外部拉应力，必然引起纵向回弹问题。现在纵向回弹量大约为 1 mm 左右，而且是在 800 t 设备上调试的结果。设计设备为 1 250 t 生产，为了使地面充分变形来控制纵向回弹问题，调试设备更换为 1 600 t。纵向回弹得到良好的控制。

● 斜楔冲孔孔位偏。与制件回弹有关，冲压件与模具贴合不好，压料板不足以把制件压到伏贴状态，需要在制件稳定后根据制件形状研合模具形面来解决。

（5）调试后制件状态及遗留问题。经过对模具的精调，制件质量有了非常大的改善，图 2.58 是精调后制件与数模对比图。

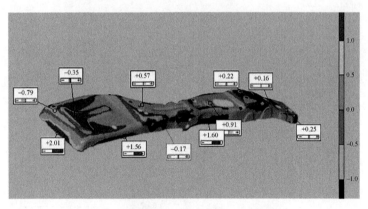

图 2.58　精调后制件与数模对比图（见彩图）

从图中可以看出制件的回弹主要集中于尾端和中段，最大位置回弹约 2 mm。这时模具形状面的预回弹角已经与冲压方向一致，无法继续通过回弹角控制改进了。

（6）产品更改进一步改善制件。通过产品形状更改，修正成形过程中材料堆积造成的回弹应力。按照零件的匹配、焊接关系要求，在非装配面上增加筋。增加筋主要有以下两点作用：首先是把成形过程中堆积的材料吃掉，减小回弹应力，其次是加强翼面抗回弹能力，增加角部刚性。图 2.59 是增加成形筋的部位（成形模具凹模加工数模）示意图。通过增加成形筋，制件的回弹得到了较好的控制，其中最明显的部位为聚料最严重的底部，从原来的 +2 变成了 −1。图 2.59 是修改后的加工数模。

图 2.59 增加成形筋的部位示意图

最终调试结果。经过对筋形状的调整，焊点位置回弹偏差控制在 +0.2～−1.0，最终制件合格率达到 89%，满足整车匹配要求，通过公差变更，制件合格率达到 100%，达到冲压件量产的质量要求。

2.4.2.6 案例总结

在完成制件调试后，我们对过程和前期方案的选择进行总结，得出以下几方面经验：

1. 高强度板冲压件工艺评审的要点

（1）超高强度板材料不适合制造复杂零件。在成形过程中难以使材料充分变形和控制材料走向。

（2）在产品造型方面应该考虑到成形后材料的均衡问题，提前考虑聚料造成的回弹问题。

（3）应尽量缩小匹配面的面积，不能追求大面贴合的目标。

（4）产品造型时就应该考虑模具强度问题，避免出现薄弱的模具刃口。

（5）应避免过小的成形高度，小边成形会增加成形、整形抗力。

（6）成形圆角应尽可能大，减小成形过程中聚料的趋势。

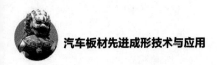

2. 工艺方案的选择

（1）拉延工艺受材料延展率差的影响，无法实现材料充分变形，满足回弹控制的需要，与成形工艺差别不大，应尽量选择成形工艺。

（2）超高强度板难以通过整形工艺实现回弹校正工作，必须在成形时就保证制件形状合格。

3. 模具制造、调试要点

（1）必须保证镶块的基体强度，克服镶块本身变形的调试才有意义。

（2）冲压设备的吨位对控制回弹有非常大的作用。

（3）高强度板成形模具在模具强度上必须充分保证。

（4）我们现在严重欠缺高强度板成形后回弹以及预回弹角度估算的经验数据积累。

对于抗拉强度接近 1 000 MPa 的冲压件，人们通常考虑采用热成形工艺，但是制造成本也会相应提高。而采用冷成形工艺难度较大，但如果考虑周到，在工艺设计和调试过程中采取适当措施，仍然可以满足产品要求。

2.4.3 某车型地板后纵梁冲压案例分析

某车型地板后纵梁成形性较差，易产生起皱、破裂缺陷，同时回弹问题较突出，影响零件尺寸稳定，而且高强度钢板对模具的磨损严重，影响模具使用寿命。

2.4.3.1 制件特性介绍

零件形态如图 2.60 所示。横截面为 U 形，深度达到 135 mm。零件一侧带法兰，另一侧由前端法兰过渡为后端无法兰，至侧壁垂直；底部法兰边也有较大形状起伏，两端法兰高，中间低；纵梁整体在车身 Y 向和 Z 向有一定曲率，

图 2.60　某车型后纵梁

两端开口。

1. 材料特性。制件材料为 590RD + Z，厚度 1.6 mm。材料抗拉强度 ≥590 MPa，屈服强度 410～560 MPa，均匀延伸率≥18%，表面有镀锌层，是典型的高强钢板。

2. 装配特性及质量特性。法兰边部位有焊接搭接关系，整体尺寸合格率要求较高。

2.4.3.2　冲压工艺要点

该制件冲压工艺难点在于：

（1）法兰边起皱、侧壁内凹和翘曲，制件质量不稳定。

（2）采用高强钢模具磨损严重，导致制件拉毛，影响生产稳定性和模具寿命。

（3）部分区域存在减薄过大和起皱风险。

2.4.3.3　冲压工艺方案分析

1. 深拉延工艺方案

深拉延工艺，拉延工序的压料面基本随底部法兰面形状，局部将修边线展开在压料面上，垂直修边后，翻边整形。由于压料面的形状起伏变化较大，拉延深度不均匀，中间最大拉延深度为 101.7 mm，两端较浅，约为 55 mm，中间整形量最大为 28.6 mm。中间拉延深度较两端深导致制件顶面中间位置起皱，为控制起皱，拉延件两端采用封闭拉延。深拉延工艺模具工艺构件图如图 2.61 所示。

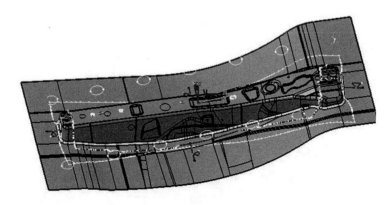

图 2.61　深拉延工艺模具工艺构件图

2. 浅拉延工艺方案

浅拉延工艺的压料面随上表面形状，拉延深度均匀，约为 50 mm，修边线展开在压料面上的距离大，压料面宽，通过压料面控制走料，不需要增加拉延筋，因此工艺补充非常少。但整形量大，最大整形量约 60 mm。由于拉延深度均匀，两端开口拉延。浅拉延工艺设计要点包括：① 拉延时将顶面形状和侧壁部分形状成形到位，压料面随纵梁上表面形状，拉延深度均匀，约为产品高度的 1/2 左右。② 拉延凹模圆角 $R = (15 \sim 20)t$，避免后工序侧整形时出现难以消除的硬化带。③ 高强钢材料，压料面不设置拉延筋，避免压料面产生弧形。④ 侧整形角度为 $70° \sim 75°$，保证回弹补偿的需要，侧整镶块带侧壁的上圆角，利于控制回弹。浅拉延工艺两次拉延如图 2.62 所示。

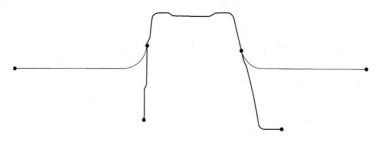

图 2.62　浅拉延工艺示意图

2.4.3.4　制件质量分析

采用 AutoForm 进行模拟分析，对比两种工艺制件成形性的差异，如图 2.63 所示。深拉延拉延深度较深，制件侧壁易产生破裂缺陷，生产时安全域度低，同时压料面起伏较大。压料面展开长度大于制件顶面展开长度，导致顶面聚料起皱。浅拉延采用随顶面形状的压料面，拉延深度浅，整体变形均匀，压料面展开长度小于制件上表面展开长度，压料面合模后板料属于伸长拉延，到底前 10 mm，制件无明显褶皱。两种工艺起皱趋势如图 2.63 所示。

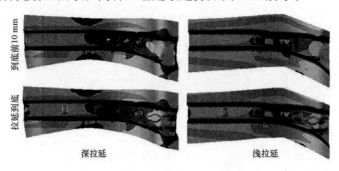

图 2.63　深拉延与浅拉延零件起皱趋势

　　深拉延与浅拉延工艺的全工序自由回弹对比，如图 2.64 所示。可以看出深拉延侧壁高度高，各处拉延深度不均匀，变形也不均匀，侧壁的回弹有正有负，存在内凹和翘曲，制件质量不好。而浅拉延工艺的拉延深度浅且均匀，整体变形也均匀，回弹一致，回弹量虽比深拉延大，但侧壁整体都是向外回弹，不存在内凹和翘曲，制件质量比深拉延好，回弹可以通过型面的回弹补偿加上后序的侧整形来控制，比深拉延更好控制。

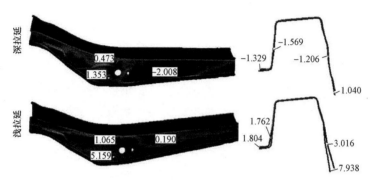

图 2.64　制件自由回弹对比

2.4.3.5　模具及生产稳定性分析

　　一般来说，对于抗拉强度 590 MPa 以上的高强钢材料，拉延时，模具与板料摩擦引起发热而使得模具强度降低，模具磨损，影响模具寿命，在生产中拉延深度越深，板料流入越多，模具的磨损越严重，当生产批量较大时，模具磨损问题会突显，影响生产稳定性。如图 2.65 所示为深拉延与浅拉延工艺板料流入量对比，深拉延的板料流入量一侧达到 57.30 mm，另一侧达 84.95 mm，而浅拉延板料流入量最多 36 mm，深拉延板料流入量是浅拉延的近 2 倍，模具磨损严重。

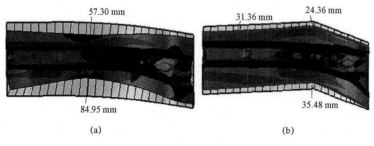

(a)　　　　　　　　　　　　　(b)

图 2.65　拉延板料流入量对比

（a）深拉延；（b）浅拉延

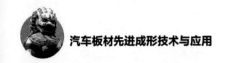

当两种工艺的拉延模具都进行 TD 处理,深拉延的拉延模具在生产 10 万辆后,TD 层基本磨没,所生产的制件存在严重的拉毛缺陷。而浅拉延的拉延模具在生产近 20 万辆后模具表面 TD 层依然保存完整,制件也没有拉毛情况。

| 2.5 高强钢板冷冲压成形发展趋势 |

随着汽车轻量化、安全性与节能减排要求的提高,新车型设计也一直在不断地改善排放、安全性和燃油效率。高强钢以其强度高、屈强比低、瞬时硬化能力好、疲劳和撞击性能好等优点,成为汽车轻量化的关键材料之一。

同时高强钢特殊、复杂的成形性能又需要不断地进行技术创新,高强钢的发展总趋势是高强度化和良好的成形性。随着汽车结构优化、先进成形工艺、模拟仿真等技术的快速发展,高强钢以其优势特点逐步应用于汽车制造过程当中,高强钢的开发与应用将在汽车轻量化过程中发挥出更大的作用。冷冲压高强钢板的应用可减轻车身重量、降低油耗、节约能源,增强车身强度、提高使用寿命,避免制造中的表面损伤。这些对于当今面临的汽车性能、安全、能源以及环境等问题,提供了有效的解决方案。

然而,高强钢在基本材料属性、高强钢成形模具、成形过程的温度、轧辊控制等方面仍不完善。只有对高强钢材料的力学性能、回弹行为、冲压力、微观结构、焊接特性和应变速率等行为的研究做得透彻,才能更好地应用高强钢。在冷冲压成形工艺上,必须重点关注冲压零件的公差精度;在复杂几何形状的零件上,要关注冲压力的计算及冲压件的回弹行为。此外,高强钢成形过程中经常遇到的问题还包括起皱和开裂。开裂主要受到切边质量(间隙、刀具和冲头边部质量)的影响,起皱则需要合理地控制压边力和成形条件。因此成形中模具制造、调试难度较大,设计周期较长。同时,随着高强度钢自身强度的提高,材料所需冲压成形载荷增加。在相同屈强比下,高强钢冲压载荷大约是传统普通钢板的 2～3 倍。对应的模具受力增加,提高了模具的强度及磨损性要求。

热冲压成形过程除冷冲压需要面临的问题,还包括冲压过程中升温、保温与降温过程模具内温度的分布问题,要避免模具因温度不均造成热应力破坏。由于高强钢中含碳量和合金元素的增加,汽车用高强钢使用性能数据不足,特别是高速拉伸性能、疲劳性能数据严重不足,这些都成为高强钢广泛应用的瓶颈。

高强钢大量应用将是未来汽车制造的发展方向。中国汽车工程学会对中国高强钢发展提出了较高的应用目标：至 2020 年，我国强度 600 MPa 级别以上的 AHSS 高强钢应用比例将达到 50%；至 2025 年，第三代汽车钢应用比例达到白车身总重量的 30%；至 2030 年，2 000 MPa 以上高强钢有一定应用。

2.5.1　国外高强钢应用发展趋势

国外高强钢应用起步较早，并已在汽车上得到大量应用。其主要发展经验包括：

（1）很好地协调汽车工程学会、材料学会、加工（冲压）学会的学术工作，建立汽车工业、钢铁工业和冲压工业之间的联系，成立专门工作组，对高强钢发展趋势进行实时预测，并对其在汽车中的应用、科研方向进行规划。

（2）具有专门的板材成形性能试验机构，研究板材成形性能并解决在开发中遇到的问题。

（3）成立汽车板材冲压行业成形技术研究组，负责开发各种高强钢先进成形技术。

（4）组织有关行业成立新型材料研究组，负责开发、研究各种新型高强钢材料。

（5）集中优势力量，实现对板材成形性能研究机构之间的沟通与工作协调等。

可以预见，随着汽车行业的不断发展，未来的高强钢冷冲压也将向着更多方向发展。

2.5.2　高强钢回弹技术研究

回弹是汽车覆盖件冲压成形最不易解决的缺陷之一，它会增加试模和修模的工作量，是影响生产周期最重要的因素之一。回弹的产生主要有两个原因：一是由于板料内外表面进入了塑性变形状态，而中心部位处于弹性变形状态，开模时外力卸载后引起回弹；二是由于发生塑性变形总是伴随着弹性变形，外力去除后，弹性部分恢复而塑性部分保留引起回弹。回弹是整个冲压成形历史的累积效应，影响因素很多，不易准确地找出原因。特别是随着高强钢、超高强钢的广泛使用，其屈服强度较普通低碳钢要高很多，成形结束后残余应力释放较大，回弹较大，更加不易控制。

解决回弹问题一般有两种方法：一种是工艺控制法，通过调整冲压成形时的工艺参数，如压边力、拉延筋和润滑条件等进行控制，不过这种方法对于高强钢板的回弹控制不易实现，因为改变工艺参数时极可能会导致破裂和起皱等

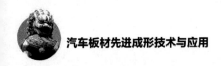

缺陷的产生；另一种是回弹补偿法，通过有限元软件模拟预测特定区域的回弹量或者通过现场实测回弹量的大小，对模具型面做出反方向的补偿，这种方法也称几何补偿法。实际情况下，这两种方法一般配合使用，以达到最佳控制效果。

高强钢的材料特性决定了其成形工艺，当材料延伸率比较高时，可以使用冷冲压工艺成形汽车车身零件。但是材料的强度越高，成形后零件的回弹越大，因此防止这种成形缺陷的技术难度越大。这也是制约高强钢冷冲压应用的要点，将是未来重点研究的方向之一。

2.5.3　高强钢热冲压模具设计研究

热冲压成形模具是一个较新的研究领域，尚未制定一系列成熟的标准。国内的高校中，吉林大学、华中科技大学以及哈尔滨工业大学在这个研究领域取得了一定的成果。吉林大学在研究了模具结构和材料、温度场的热平衡及冷却系统之后提出了一种可行的超高强度钢热成形模具的设计原则以及参数的优化方法。其提出的关键工作部件的设计方法给后来的模具设计提供了理论上的参考。哈尔滨工业大学对汽车前地板和车门防撞梁的模具设计和工艺进行了深入研究，他们在模具凸凹模间隙的确定、模具材料的选择以及冷却系统的设计方面提出了一些有效的设计准则。通过共轭传热数值模拟分析得出了设计冷却系统的方法。华中科技大学研究了汽车前保险杠内板热成形模具的设计及制造方法，包含了模具镶块以及一些辅助机构的设计准则。吉林大学研究了防撞梁热成形模具的整体和各组成机构的设计，并通过热仿真模拟研究了水温和水流速率对冷却效果的影响。

相对于高强钢冷冲压工艺，热冲压成形可改善高强钢低塑性问题。然而，在热成形过程中，要使升温、保温与降温过程模具内温度尽量均匀，防止由温度不均产生的热应力过高引起模具破坏；另外冲压设备的选择也是模具设计的难点。

2.5.4　SE 及 CAE 应用技术

高强钢的同步工程（SE）技术对工艺设计、模具制造有极大的指导意义，可降低制造、生产成本。CAE 如 Pam – Stamp、AutoForm 等软件的应用需要解决的关键问题是先进高强钢零件热成形技术数字化建模技术的研究。目前，国内外使用有限元技术对高强钢的成形问题展开研究并收获颇丰。高强钢名副其实在材料性能上展示出较高的强度，但其弊端在于当冲压产品的外观形状很复杂，有坡度很缓的侧壁或者拉延深度很大时，实际生产时容易出现材料堆积起皱、破裂、毛刺以及回弹等不良后果。这对于制造生产而言，不但不符合质量认证而且还给后续的整车装配造成麻烦，更重要的是造成资源的巨大浪费。因此，本书研究目的和意义是使用有限元技术对结构复杂的前地板后加强板冲压件的加工方案进行模拟试验，通过前瞻性的预测技术，修改原方案中的不足之处以达到优化的目的，消除各种成形隐患。最终，可以将其作为一项理想的参考标准应用于实际生产当中。

2.5.5 高强钢板全流程成形控制方案

尽管高强钢板冷冲压成形带来的缺陷大部分来自材料性能本身，但是通过对产品设计、工艺设计、模具设计以及模具后期调试全流程进行合理控制，可以将高强钢冲压成形缺陷稳定在可控范围内。以上几个方面协同材料性能提升的应用技术，已越来越获得各大车企的青睐。就冲压工艺设计方面，目前主流的发展趋势包括从拉延筋、压料面、坯料、工艺补充、侧整形角度、扭曲控制，以及回弹预测方面对制件进行控制。

2.5.6 新能源汽车对高强钢板冷冲压成形的推动作用

基于新能源汽车对车身重量要求的进一步提高，在保证车身整体安全性，同时降低成本的前提下，高强钢及其成形、连接工艺势必取得较大的突破。

2.5.7 "互联网＋"与高强钢板冲压冷成形融合

"互联网＋"是创新 2.0 下互联网发展的新形态、新业态，是知识社会创新2.0 推动下的互联网形态演进及其推动的经济社会发展新形态。

通俗讲"互联网＋"的融合就是互联网与高强钢板冷冲压成形的融合，但这并不是简单的两种相加，而是利用信息通信技术以及互联网平台，让互联网与传统行业进行深度融合，创造新的发展生态。

1. 初期状态：CAE

利用电脑软件辅助进行金属成形性分析，已越来越受到大家的重视。目前的 CAE 分析技术已成为虚拟制造的一个重要组成部分。

随着电脑软件的发展和人们对高强钢板冷冲压成形认识的加深，软件模拟的成形性已变得更加准确。

2. 融合状态：互联网＋

利用互联网更大的数据库，基于云计算技术，打造统一的智能产品软件服务平台，为不同车企的智能硬件设备提供统一的软件服务和技术支持，优化使用过程，实现互联互通，资源共享，产生协同价值。

参 考 文 献

[1] 陈劼实. 板料成形极限预测新判据［J］. 机械工程学报，2009（04）：64－69.

[2] 刁克山. 基于成形特性的宝钢 QP980 试验研究及典型应用［J］. 锻压技术，2012（06）：113－115.

[3] 孙国华. 超高强度硼钢板高温成形极限研究［D］. 上海：同济大学，2009.

[4] 吴磊. 高强度钢板扭曲回弹特性及控制方法研究［D］. 长沙：湖南大学，2010.

[5] 李硕本. 冲压工艺学［M］. 北京：机械工业出版社，1982.

[6] 李春峰. 金属塑性成形工艺及模具设计［M］. 北京：高等教育出版社，2008.

[7] 刁克山. 1 000 MPa 级 DP 钢的成形特性试验［J］. 塑性工程学报，2012（04）：95－98.

[8] 王新荣. ANSYS 有限元基础教程［M］. 北京：电子工业出版社，2011.

[9] 赵庆娟. 基于数值模拟的锥形件充液拉深工艺研究［D］. 哈尔滨：哈尔滨理工大学，2009.

[10] 龚红英. 金属塑性成形 CAE 应用—DYNAFORM［M］. 北京：化学工业出版社，2015.

[11] 黄亚娟. CAD/CAE/CAM 技术在汽车覆盖件模具中的应用与发展［J］. 机电工程技术，2004（05）：13－15.

[12] 曹克利. 高强度钢板冲压件回弹的研究［D］. 哈尔滨：哈尔滨工业大学，2008.

[13] 涂小文. AutoForm 原理技巧与战例实用手册［M］. 武汉：湖北科学技术出版社，2013.

[14] 闫巍. 汽车覆盖件冲压模具的结构变形分析［J］. 汽车工艺与材料，2013（01）：68－72.

[15] 谷瑞杰. 弯曲成形回弹研究进展［J］. 机械科学与技术，2005（06）：653－658.

[16] 冯静. 浅谈高强度钢板的冲压应用［J］. 装备制造技术，2011（11）：110－112.

[17] 王洪俊. 轿车覆盖件拉延模调试经验［J］. 汽车工艺与材料，2001（07）：40－41.

[18] 董绍斌. 激光拼焊板技术在汽车车身制造中的应用［J］. 汽车工艺与材料，2006（05）：9－11.

[19] 王力. 侧围加强板生产开裂控制方法研究［J］. 汽车工业研究, 2016(11)：57 – 61.

[20] 王远. 高强钢成形技术及其在汽车轻量化中的应用［J］. 新材料产业, 2015（2）：31 – 35.

[21] 朱超. 超高强度钢板的热冲压成形模具设计及优化［D］. 长春：吉林大学, 2010.

[22] 代晓旭. 乘用车地板后纵梁的工艺研究［J］. 汽车工艺与材料, 2017（11）：25 – 28.

第 3 章

液压成形技术

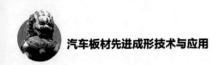
| 3.1 液压成形技术概述 |

3.1.1 液压成形定义

液压成形（Hydroforming）是指利用液体作为传力介质或模具使工件成形的一种塑性加工技术，也称为液力成形。按使用的液体介质不同，可将液压成形分为水压成形和油压成形。水压成形使用的介质为纯水或由水添加一定比例的乳化油组成的乳化液；油压成形使用的介质为液压传动油或机油。按使用的坯料不同，液压成形分为三种类型：管材液压成形（Tube Hydroforming）、板料液压成形（Sheet Hydroforming）、壳体液压成形（Shell Hydroforming）。板料和壳体液压成形使用的成形压力较低，管材液压成形使用的压力较高，又称为内高压成形（Internal High Pressure Forming）。板料液压成形使用的介质多为液压油，最大成形压力一般不超过 100 MPa。壳体液压成形使用的介质为纯水，最大成形压力一般不超过 50 MPa。管材液压成形使用的介质多为乳化液，其成形压力较高，工业生产中使用的最大成形压力一般不超过 400 MPa。

3.1.1.1 管材液压成形

管材液压成形是以管材作坯料，通过管材内部施加高压液体和轴向补料把管材压入模具型腔使其成形为所需形状的工件，成形原理如图 3.1 所示。由于使用乳化液（在水中添加少量的防腐剂等组成）作为传力介质，因此称为管材液压成形或液压成形。

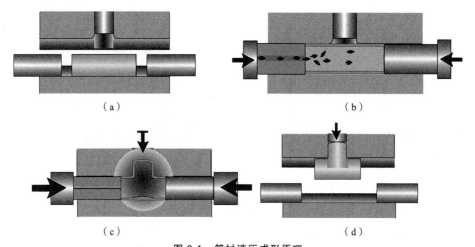

图 3.1　管材液压成形原理
（a）模具闭合；（b）快速充液；（c）液压成形；（d）开启模具

按成形零件的种类，管材液压成形分为三类：① 变径管液压成形。② 弯曲轴线构件液压成形。③ 多通管液压成形。

变径管是指管件中间一处或几处的管径或周长大于两端管径。其成形工艺过程可以分为三个阶段。初始充填阶段，模具闭合后，将管的两端用水平冲头密封，使管坯内充满液体，并排出气体，实现管端冲头密封；成形阶段，对管内液体加压胀形的同时，两端的冲头按照设定的加载曲线向内推进补料，在内压和轴向补料的联合作用下使管坯基本贴靠模具，这时除了过渡区圆角以外的大部分区域已经成形；整形阶段，提高压力使过渡区圆角完全贴靠模具而成形为所需的工件。

对于弯曲轴线异型截面管件的液压成形工艺包括：弯曲、预成形、液压成形等主要工序。有时液压成形也与液压冲孔工序结合，在成形后的液压支撑下直接冲孔。

多通管件的种类较多，按照多通数量分为直三通管（T 形管）、斜三通管（Y 形管）、U 形三通管、X 形四通管和五通以上的多通管。按主管、支管直径大小分为等径和异径多通管；按轴线形状，分为直线和曲线多通管；按对称性，分为对称和非对称多通管。按照壁厚大小，分为厚壁和薄壁多通管，薄壁一般指壁厚 0.5～2 mm 的管件。T 形和 Y 形三通管件是多通管中应用最多的结构形式。

3.1.1.2 板料液压成形

板料液压成形是利用液体作为传力介质来传递载荷，使板料成形到单侧模具上的一种板料成形方法，成形原理如图 3.2 所示。根据液体介质取代凹模或凸模可将之进一步分类为充液拉深成形和液体凸模拉深成形。

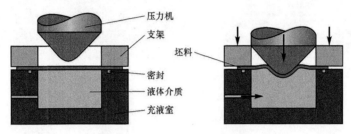

压力机
支架
坯料
密封
液体介质
充液室

图 3.2　板料液压成形原理

1. 充液拉深（用液体介质代替凹模）

成形工艺：板材充液拉深成形工艺可分为四个阶段，第一阶段，首先开动液压泵将液体介质充满充液室至凹模表面，在凹模上放好坯料；第二阶段，施加压力；第三阶段，凸模开始压入凹模，自然增压或者通过液压系统使充液室的液体介质建立起压力，将板件紧紧压贴在凸模上；第四阶段，同时液体沿法兰下表面向外流出，形成液体润滑。

2. 液体凸模拉深（以液体介质作为凸模）

液体凸模拉深成形则是以液体介质代替凸模传递载荷，液压作为主驱动力使坯料变形，坯料法兰区逐渐流入凹模，最终在高压作用下使坯料贴靠凹模型腔，零件形状尺寸靠凹模来保证。这一成形法通过合理控制压边力可使坯料产生拉－胀成形，应变硬化可提高曲面薄壳零件的刚性、压曲抗力和抗冲击能力。因此，它非常适于铝合金和高强钢等轻合金板料形状复杂（特别是局部带有小圆角）、深度较浅的零件成形。板材液压成形优点：提高成形极限和减少成形道次。缺点：① 由于充液需要时间，生产效率低。② 设备吨位大。

3.1.1.3 壳体液压成形

壳体液压成形是采用一定形状的封闭多面壳体作为预成形坯，在封闭多面壳体充满液体后，通过液体介质在封闭多面壳体内加压，在内压作用下壳体产生塑性变形而逐渐趋向于最终的壳体形状，如图 3.3 所示。最终壳体形状可以是球形、椭圆、环壳等。其成形工艺：先由平板经过焊接形成封闭多面壳体，然后在封闭多面体内充满液体介质(一般为水),并通过一定加压系统施加压力,在内压作用下壳体产生塑性变形而逐渐趋向于球壳。

　　壳体液压成形优点:① 不需要模具和压力机,产品初期投资少,因而可降低成本,缩短生产周期。② 容易变更壳体壁厚和直径。③ 与传统的先成形后焊接工艺相比,由于焊接变形难以控制,因此产品精度高。其缺点:① 由于该技术为"先焊接后成形",焊接质量决定成形质量(传统球罐是先成形后焊接)。② 大型壳体成形过程支撑基础难度大、费用高。

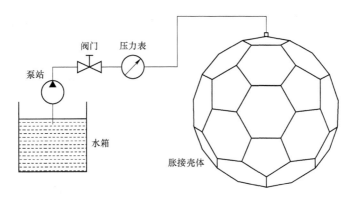

图 3.3　壳体液压成形原理

3.1.2　液压成形技术特点

　　从工艺技术角度,液压成形与冲压焊接工艺相比的主要优点有:

　　(1)减轻重量,节约材料。前面举例详细介绍了液压成形件实现结构减重的方法。对于底盘和车身框梁类结构件,液压成形件比冲压件减重 20%～40%;对于空心轴类件可以减重 40%～50%。

　　(2)减少零件和模具数量,降低模具费用。液压成形件通常仅需要一套模具,而冲压件大多需要多套模具。例如,副车架冲压件零件数量有 6 个,液压成形件减少到 1 个。

　　(3)可减少后续机械加工和组装焊接量。以散热器支架为例,散热面积增加 43%,焊点由 174 个减少到 20 个,装配工序由 13 道减少到 6 道,生产率提高 66%。

　　(4)提高强度与刚度,尤其是疲劳强度。仍以散热器支架为例,垂直方向提高 39%;水平方向提高 50%。

　　(5)材料利用率高。液压成形件的材料利用率为 90%～95%,而冲压件材料利用率仅为 60%～70%。

（6）降低生产成本。根据国外公司对已应用零件统计分析，液压成形件数量比冲压件平均降低 15%～20%，模具费用降低 20%～30%。

液压成形与冲压焊接工艺相比的主要缺点有：

（1）需要大吨位液压机作为合模压力机。（对于内径为 100 mm 长度为 2 500 mm 的管材，当成形压力为 100 MPa 时，合模力为 25 000 kN）。

（2）高压源闭环实时控制系统复杂，造价高。

（3）由于成形缺陷和壁厚分布与加载路径密切相关，零件试制研发费用高，必须充分利用数值模拟进行工艺参数优化。

| 3.2　液压成形材料性能评价 |

3.2.1　液压成形用焊管

目前用于液压成形的焊管主要有电阻焊（ERW）管和激光焊管。焊管是由板带弯曲之后焊接而成的，焊接质量直接决定焊管的质量。因此焊管的大量应用是建立在薄板焊接技术发展成熟的基础之上的。在众多焊接技术中，目前仅有数种焊接方法广泛应用于焊管的生产，其中应用最为广泛的为电阻焊管与激光焊管。

1. 电阻焊管

电阻焊管是将冷轧或热轧板材成形后，利用流经工件连接面的高频电流所产生的电阻热，使管坯边缘加热熔化，在挤压辊的作用下进行压力焊接来实现生产的，其基本原理如图 3.4 所示。由于施加的是高频电流，因此也称高频电阻焊（HERW）管，而且只有直缝才能采用该焊接技术，所以又称为直缝高频电阻焊钢管。高频电阻焊主要是利用高频电流的集肤效应和邻近效应，其频率范围为 300～450 kHz。

高频电阻焊具有下列特点：① 电流高度集中于焊接区，加热速度极快，焊接速

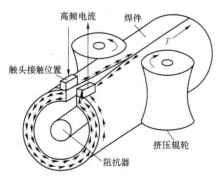

图 3.4　管材电阻焊原理

度高达 150～200 m/min。② 焊件自冷作用强，热影响区小，且不易发生氧化，焊缝的组织和性能优良。③ 焊前焊件表面无须清理，效率高。④ 适用于多种金属焊接，产品形状规格多。⑤ 焊接过程中不添加任何焊料，焊缝没有经过热熔化状态，只是经过再结晶过程，故形成的焊缝与母材的化学成分基本一致，钢管焊接后经过退火处理，冷加工内应力和焊接残余应力均得到改善，因此电阻焊钢管综合力学性能较好。电阻焊管由于具有尺寸精度好、价格低、生产效率高等优点，受到越来越多用户的青睐。目前，电阻焊管已逐步成为油气储运领域中的首选管材，尤其是在石油、石化、航空航天、汽车、成品油及天然气城市管网领域中的应用非常广泛。

电阻焊管焊缝质量与焊接速度、温度、挤压力乃至管坯厚度都有密切的关系。当焊接速度不变时，热影响区的宽度与焊接温度成正比，与挤压力成反比，与焊接速度成反比。板材越薄，熔融区和热影响区范围较小。壁厚小于 3 mm 的钢管，热影响区宽度为管坯厚度的 1/4～1/3，熔合线宽度应为 0.02～0.12 mm，金属流线角应在 45°～60°。但对于壁厚大于 5 mm 的厚壁管，热影响区宽度大于 1/3，但一般不超过壁厚的 1/2，相应的熔合线宽度也略宽一点。经过对电阻焊管进行扩口、压扁、冲击韧性、断裂韧性等研究，发现电阻焊管具有优良的综合力学性能。

2. 激光焊

激光焊管由冷轧板弯制后进行激光焊接而成，其制造工序为：钢板开卷落料—钢板预制成形—激光焊接。虽然制造工序不复杂，但对钢板预弯成形后间隙量要求很高，否则难以保证激光焊接的质量。管坯预制成形有两种技术方案：辊压弯曲成形与"U-O"成形，如图 3.5 所示。在激光拼焊管制造中，管坯预制成形是一道非常重要的工序，直接影响后道工序激光焊接的质量。

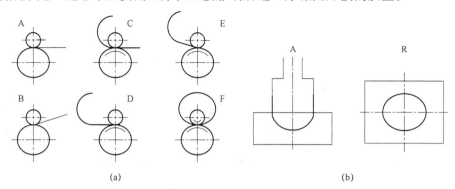

图 3.5　管坯预制工艺过程

（a）辊压弯曲成形；（b）U-O 成形

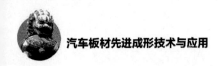

相比其他焊接技术，激光焊接具有以下优点：① 属于非接触加工，管材表面质量好。② 焊接时无须对工件加压，管材内部无毛刺（这是激光焊管相比电阻焊管的主要优点）。③ 激光焊接速度快，焊管的热影响区窄，受影响区域一般不大于管材壁厚，焊接接头性能好。④ 激光焊接时熔深大，深宽比可达 5.0 以上，且焊缝质量稳定，变形小。因此，受到欧美众多大型汽车厂商的青睐。然而，激光焊接设备价格由于昂贵，主要用于大批量自动化生产。

激光焊接接头中焊缝的屈服强度较母材有较大提高，但二者的抗拉强度相差不大，焊缝的硬化指数和延伸率均下降，一般约为母材的 70%。激光焊后焊缝处的硬度一般高于母材，焊缝熔合区硬度是母材硬度的 2.5～3 倍，由于热影响区很窄，因此母材和焊缝间的硬度梯度很陡，热影响区（HAZ）的平均硬度是母材硬度的 1.5 倍左右。然而，激光拼焊板焊缝区域的杯突值较母材有一定程度的降低，说明焊缝深冲性能低于母材。

3.2.2 液压成形焊管性能评价

根据 GB/T 13793—2008，焊管工艺性能评价有压扁试验、弯曲试验和扩口试验，但这些试验不能真实地反映出焊管在液压成形过程中的变形及受力状态，因此也亟待有针对液压成形焊管的性能评价标准出台。

目前，哈尔滨工业大学对液压成形焊管性能评价做了系统的研究：通过建立轴向轮廓几何模型来获得计算管材胀形曲率半径的公式；根据塑性理论与体积不变条件，建立管材胀形区最高点的壁厚理论模型。根据上述直接测试得到的数据以及胀形区几何轮廓模型与最高点壁厚理论模型即可求解得到管材胀形区最高点的应力与应变分量。针对试验管材，选择合适的屈服准则与硬化模型，假设屈服函数与塑性势函数相关联，即可得到双向应力状态下焊管的等效应力–等效应变关系，从而得到管材的力学性能。

基于以上理论分析，研制了管材力学性能测试设备，如图 3.6 所示。该设备为哈尔滨工业大学流体高压成形技术研究所自主研制，具有完全自主知识产权的先进设备，由机身、液压系统、高压系统、计算机控制系统和分析计算系统五部分组成。

该设备具有如下特点：① 不剖切管材，可直接获得管材的力学性能及成形性能指标。② 测试出复杂应力状态下各向异性材料的应力–应变曲线和成形性能。③ 仅需测试管材初始壁厚和胀形后最高点的壁厚，根据线形法公式由软件计算出来结果，避免了中断试验多次测量壁厚和多试样法带来的误差。④ 把板材卷焊成圆筒坯，可获得板材在复杂应力状态下的力学性能。

图 3.6 管材液压胀形测试原理与装置

通过测试可获得管材以下力学性能指标：① 极限胀破压力。② 最大膨胀率。③ 真实应力–应变曲线。④ 工程应力–应变曲线。⑤ 屈服强度。⑥ 抗拉强度。⑦ 加工硬化指数 n 值。⑧ 成形极限图。

图 3.7 为测试样件及获得的成形极限图。

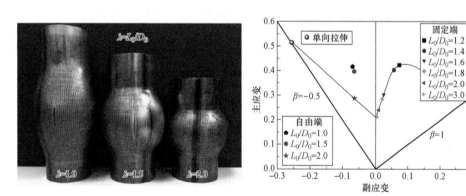

图 3.7 试样及成形极限图

3.3 液压成形工艺

制造业的发展趋势是产品轻量化，工艺柔性化。为了生产高精度高质量的产品，材料成形制造向更轻、更强、成本更低、周期更短、质量更高的方向发展。管件液压成形技术正是这样一种减重、节材、节能，具有广泛应用前景的制造空心轻体结构件的新型先进技术，在美国、欧洲等发达国家和地区已被广泛地应用于生产各种汽车的底盘及车身结构件。

3.3.1 液压成形主要工艺参数

1. 初始屈服压力

初始屈服压力是指管材开始发生塑性变形所需要的内压。

$$P_s = \frac{1}{1-\xi} \cdot \frac{2t}{d} \cdot \sigma_s$$

式中，σ_s 为材料屈服强度；t 为管材壁厚；d 为管材直径；ξ 为轴向应力 σ_z 与环向应力 σ_θ 的比值。

液压成形时施加的轴向力为压应力，ξ 的取值范围是 $-1 \leqslant \xi \leqslant 0$。当 $\xi = -1$ 时，初始屈服压力为：

$$P_s = \frac{t}{d} \cdot \sigma_s$$

当无轴向力作用时，$\xi = 0$，即自由胀形时的初始屈服压力为：

$$P_s = \frac{2t}{d} \cdot \sigma_s$$

2. 开裂压力

纯胀形时的开裂压力 P_b 可以用下式估算：

$$P_b = \frac{2t}{d} \cdot \sigma_b$$

式中，σ_b 为材料的抗拉强度。

3. 整形压力

在液压成形后期，工件大部分已成形，这时需要更高的压力成形截面过渡圆角并保证尺寸精度，这一阶段称为整形。

$$P_c = \frac{t}{r_c} \cdot \sigma_s$$

式中，r_c 为工件截面最小过渡圆角半径；t 为过渡圆角处的平均厚度；σ_s 为整形时材料流动应力。

4. 轴向进给力

轴向进给力 F_a 由三部分构成：冲头上的高压液体反力 F_P、摩擦力 F_μ 及保持管材塑性变形所需的力 F_t，它是选择水平缸能力的主要工艺参数，如图 3.8 所示。假设管材与模具接触的正压力等于内压，F_a 由下式计算：

$$F_a = (F_P + F_\mu + F_t) \times 10^{-3}$$

$$F_P = \pi \frac{d_i^2}{4} p_i$$

$$F_\mu = \pi d l_\mu p_i \mu$$

$$F_t = \pi d t \sigma_s$$

式中，d_i 为管材内径（mm）；d 为管材外径（mm）；p_i 为管材内压；l_μ 为管材与模具的接触长度（mm）；μ 为摩擦系数；t 为管材壁厚；σ_s 为管材屈服强度。

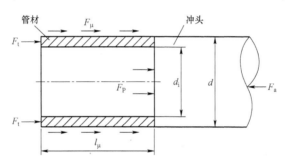

图 3.8　轴向进给力的构成

在构成轴向进给力的三部分中，液体反力占绝大部分，其次是管材与模具之间的摩擦力，最小的是保持管材塑性变形所需的力，在实际应用中，可以采用下式进行估算：

$$F_a = (1.2 \sim 1.5) F_P$$

5. 合模力

合模力 F_c 是在成形过程中使模具闭合不产生缝隙所需要的力，计算合模力主要是为了确定合模压力机能力，合模力计算公式为：

$$F_c = A_P P_c \times 10^{-3}$$

式中，P_c 为整形压力；A_P 为工件在水平面上的投影面积（mm²），对于轴向为曲线的零件，投影面积 A_P 为宽度与轴线在水平面上投影长度之积。

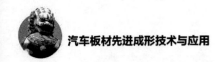
6. 轴向起皱临界应力

无内作用时管材在轴向载荷作用下发生起皱的临界应力 σ_{cr}，可以用下式估算：

$$\sigma_{cr} = \frac{E_t t}{1.65d}$$

式中，d 为管材直径（mm）；t 为管材壁厚（mm）；E_t 为塑性模量（GPa）。

7. 补料量

液压成形技术的一个主要特点是通过轴向补料可以减少成形区壁厚减薄和提高膨胀率，因此补料量是确定水平缸行程的一个重要参数，图 3.9 为理想补料量示意图。

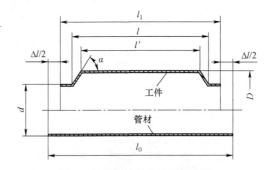

图 3.9　理想补料量计算示意图

$$l_0 = \frac{Dl'}{d} + \frac{D^2 - d^2}{2d\sin\alpha} + (l_1 - l)$$

$$\Delta l = l_0 - l_1 = \frac{Dl'}{d} + \frac{D^2 - d^2}{2d\sin\alpha} - l$$

式中，Δl 为理想补料量（mm）；l_0 为管材初始长度（mm）；l_1 为工件长度（mm）；l 为成形区长度（mm）；α 为过渡区半锥角（°）；l' 为最大直径处长度（mm）；$l' = l - (D - d)/\tan\alpha$；$d$ 为管材外径（mm）；D 为工件最大外径（mm）。

3.3.2　成形区间及加载曲线

成形区间是指管材既不起皱又不破裂的轴向应力和内压之间匹配的区间，如图 3.10 所示。成形区间是由 a、b 和 c 三条线围成的区域，a 线表示保持管材进入屈服开始塑性变形时轴向应力和内压之间的关系，该曲线方程由 Mises 屈服准则确定，其中 a_1 点代表初始屈服压力；b 表示开裂压力，其中 b_1 点表示无轴向应力时的开裂压力；c 线代表产生皱纹的轴向应力，其中 c_1 点为无内压时的起皱轴向应力。

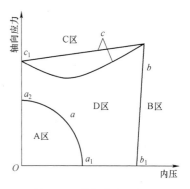

图 3.10　轴向应力和内压

这三条线分为 A 区、B 区、C 区和 D 区四个区间，其中 A 区为弹性区域，在该区间内管材还处于弹性范围内；B 区为开裂区，当在该区间内将发生起皱；D 区为成形区间，只有当内压和轴向应力的匹配关系在这个范围内，才能确保管材发生塑性变形，既不起皱又不破裂。

对于一定材料和几何尺寸的管材，可以通过实验或数值计算去评价成形区间和应力比对起皱临界应力及开裂压力的影响。

但在实际工艺控制过程中，由于摩擦等因素的影响，很难准确控制轴向力，因此在生产中通常控制内压和轴向进给或轴向补料量之间的关系。这种关系曲线又称为加载曲线或加载路径，如图 3.11 所示。确定加载曲线的关键问题是如何确定内压的上下限，通常的办法是先通过数值模拟获得初步加载曲线，然后再通过工艺实验确定正式的加载曲线。

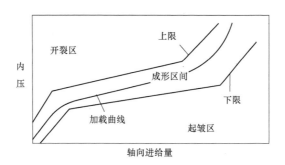

图 3.11　成形区间和加载曲线

3.4　液压成形设备及模具

3.4.1　液压成形设备组成和功能

液压成形机主要由合模压力机、高压源、水平缸、液压泵站、水压系统和计算机控制系统、模具组成，如图 3.12 所示。

液压成形机工作过程主要包括：闭合模具—施加合模力—对管材内填充加压介质—管端密封—按加载曲线施加内压和轴向进给—增加整形—卸压—去合模力—退回冲头—开模。

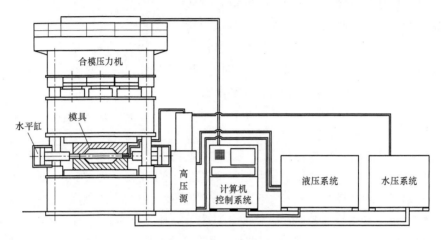

图 3.12　液压成形机组成

1. 合模压力机

液压成形时首先需将模具闭合严密，并保证整个成形过程中模具不会发生分缝造成零件出现飞边或引起管端部密封失败，因此采用合模压力机为模具施加合模力。由于液压机可以在全行程的任意一个位置输出系统最大压力，并易于实现调压与保压，目前多采用液压机作为合模压力机。

根据合模压力机主油缸行程分类，可分为长行程和短行程两种，如图 3.13所示。两种结构的优缺点对比：从效率角度，短行程结构优势明显，以 50 000 kN压力机为例，使用短行程压力机，合模与建立合模力时间约缩短 20%；从通用性和结构角度，长行程机构要优于短行程结构。

2. 高压源

液压成形需要的压力往往高达 300～400 MPa 或更高，而常规液压泵最高只能提供 31.5 MPa 的压力，无法完成管材的变形，因此一般采用增压器来作为高压源，为管材变形提供高压传力介质。

单动增压器原理如图 3.14 所示，通过液压泵将较低压力的液压油注入增压器大活塞一端，驱动活塞运动，根据活塞受力平衡条件 $P_1 A_1 = P_2 A_2$，高压腔

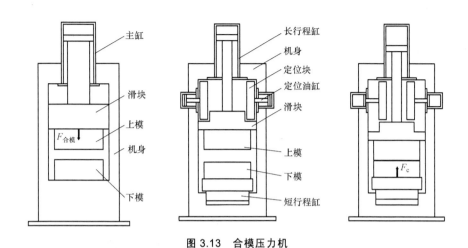

图 3.13 合模压力机

压力 $P_2 = \dfrac{A_1}{A_2}P_1$，其中低压腔与高压腔的面积比 A_1 / A_2 称为增压比，即增压器两端的压力比。根据活塞受力平衡原理，利用活塞面积比实现增压。

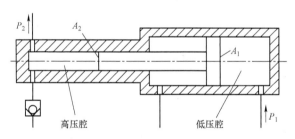

图 3.14 单动增压器原理

低压腔介质一般采用液压油，而高压腔介质可以用乳化液或液压油。采用液压油作为高压腔介质的优点是黏度较大、密封性好，不腐蚀设备和零件；缺点是压缩量大，成本较高，且难以清理，污染零件。

如图 3.15 所示，在 400 MPa 的压力下，油的体积压缩量达到 17%，而水的体积压缩量仅为 8% 左右。由于油的高压缩性，容积效率低，系统能量损失大。虽然水压缩量小，但易导致设备机体和成形零件的腐蚀，因此液压成形一般采用乳化液作为加压介质，乳化液中 5%～10% 为乳化油，其余为水，既克服了液压油的缺点，又具有防锈作用。

3. 水平缸

液压成形中利用冲头在适当的时刻实现管端密封，并随着压力的变化将管

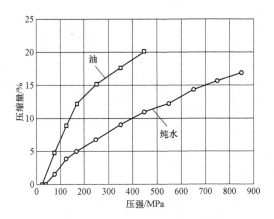

图 3.15　油与纯水压缩量随压强变化

材推入模具型腔，均通过控制冲头的轴向位移来实现。冲头安装在水平油缸的活塞杆上，由水平缸驱动并控制冲头轴向位移。

对于冲头轴向位移精度要求高的场合，水平油缸多采用伺服油缸，由位移传感器实时检测活塞位移，并采用伺服阀形成伺服控制系统，精密控制油缸活塞的位移。水平油缸可通过油缸底座安装于设备工作台或模具底板上，构成封闭力系承担冲头运动受到的阻力，也可通过在水平油缸之间安装拉杆形成水平压力机。

4. 液压泵站

增压器的低压腔和水平油缸的动力由共同作用的液压泵站提供，油泵的流量应保证油缸快速进给与增压器快速增压，为避免液压系统功率过大，可采用蓄能器提供快速增压时的流量，以降低液压泵功率。对于液压伺服系统，泵站需配备高精度过滤器。在大批量生产中液压系统发热严重，还需配备冷却系统降低油温。

5. 水压系统

水压系统是指为液压成形机进行乳化液的快速填充、回收和过滤处理的循环系统。快速填充是指在加压前向管材内充入乳化液、排出气体，以及向增压器高压腔补液。为了提高效率，水压系统应具有较大流量和一定的压力。在成形结束后，水压系统将流入导流槽的乳化液回收和过滤，以便循环利用，如图 3.16 所示。

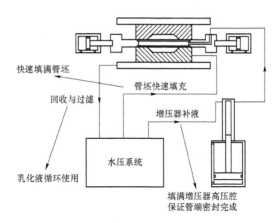

快速填满管坯

管坯快速填充

回收与过滤

增压器补液

水压系统

乳化液循环使用

填满增压器高压腔
保证管端密封完成

图 3.16　水压系统原理图

6. 计算机控制系统

　　液压成形机前述五大部分，均需要通过计算机控制系统联合起来，才能按照工艺、工序要求和设定加载曲线实现生产过程的自动化，达到要求的生产节拍。

　　计算机控制系统（图 3.17）以工业控制计算机或 PLC 为核心，其他控制元件包括数据采集卡、压力与位移传感器和信号放大器等。控制系统通过专用控制软件，根据设定的加载曲线向各控制元件（伺服阀、电磁阀等）发出指令，驱动执行元件（增压器、水平缸等）动作，同时由压力传感器、位移传感器将内压和轴向位移的变化反馈给计算机，使计算机按照加载曲线要求输出控制量，实时控制各执行元件的动作，实现轴向位移和内压匹配等加载曲线的控制，完成液压成形的全自动化控制。

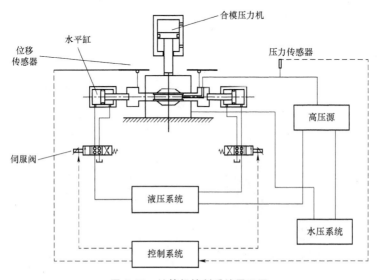

合模压力机

水平缸

位移
传感器

压力传感器

伺服阀

高压源

液压系统

水压系统

控制系统

图 3.17　计算机控制系统原理图

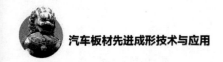
3.4.2 液压成形模具

图 3.18 是典型的管材液压成形模具结构。模具由上下模具垫板、液压成形模具、水平缸及其支座、液压系统和电气系统组成。

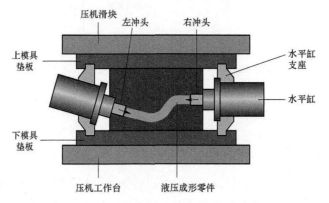

图 3.18 典型管材液压成形模具示意图

模具腔部分（图 3.19）可根据不同工作条件和加工难易程度设计成镶块结构，并应考虑复杂弯曲轴线的液压成形件可能引起的模具水平错移，设计必要的导向和锁扣装置。冲头是液压成形模具的特殊部分，其作用为密封管端和轴向进给补料。冲头端头的密封结构非常重要，关系到整个液压成形过程能否顺利进行和生产效率的高低。冲头的直径和长度要根据管材直径和长度的不同而变化。模具上、下垫板两端均可加工出承力槽，以便水平缸法兰在合模时嵌入模具垫板，形成封闭力系，平衡掉作用在冲头上的轴向推力。

图 3.19 模具腔体

模具材料选择应遵循以下基本原则：

（1）满足液压成形的工作条件要求，即耐磨性、强韧性、疲劳断裂性能，并根据模具不同部位的工作条件选择不同的材料和相应的热处理工艺。

（2）模具加工工艺性要求，即可锻性、切削加工性、淬透性和磨削性等。

（3）满足经济性要求，应考虑产品的产量、产品材料性能和工艺参数，合理选择低成本的模具材料，并根据加工成本优化模具结构。

3.5　典型液压成形零件案例分析

3.5.1　U 字形前副车架

3.5.1.1　产品特性

某车型前副车架总成（图 3.20）主管型零件为 U 字形液压成形零件（图 3.21），其轴线是空间曲线类零件，沿轴线方向上的截面是变化的，截面周长变化率为 4.8%。

内高压成形零件

图 3.20　前副车架总成

图 3.21　液压成形 U 字形零件

该前副车架材料为 STKM13B，钢管规格为：直径 63.5 mm，壁厚 2.0 mm。为了获得钢管材料力学性能参数和环向变形性能，对 STKM13B 钢管进行轴向拉伸测试和液压胀管试验。

轴向拉伸试验在 INSTRON5569 自动材料试验机上进行，根据 GB/T 228.1—2010《金属材料　拉伸试验　第 1 部分：室温试验方法》板状试验标准加工拉伸标准试样，最后进行拉伸试验，得到主要力学性能如表 3.1 所示。

表 3.1　STKM13B 材料力学性能参数

力学性能	屈服强度/MPa	抗拉强度/MPa	延伸率/%	n 值	K/MPa
数值	396.2	479.6	33.5	0.135	723

图 3.22 所示是胀管测试样件，共 5 件。在中间的胀裂区域，通过检测最大变形位置钢管周长，可计算出钢管材料的环向最大延伸率值。该批次钢管的最大延伸率为 32.8%，最小延伸率为 28.6%。

图 3.22　胀管试样

3.5.1.2　成形工序

对于这类零件的成形工序主要有弯管、预成形和液压成形，如图 3.23 所示。

弯管工序是在弯管机上将钢管弯曲到要求的形状。弯管工序对弯管机的弯管精度要求比较高，必须为数控弯管机，同时需要控制弯曲后钢管壁厚的减薄率。

预成形工序是最后液压成形能否实现的关键，由于预成形形状没有固定的形状，因此增大了预成形设计的难度。预成形的设计应考虑到以下几点：

（1）预成形后的管坯可以很容易地放入液压成形模具中。

（2）保证在液压成形工序中，在同一截面上钢管的变形均匀。

（3）材料储备利于最后的液压成形。

液压成形工序中模具的型腔与产品的形状相同，只是在模具的设计中要考虑冲孔缸和水平缸的位置，包括与这些缸体相连的液压管路、控制管线等的排布。

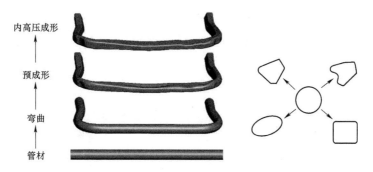

图 3.23 副车架主管液压成形工艺

3.5.1.3 有限元分析

采用有限元分析软件对该前副车架进行全工序有限元模拟。

1. 弯管工序

图 3.24 为弯管过程中钢管的 FLD 及厚度分布情况。

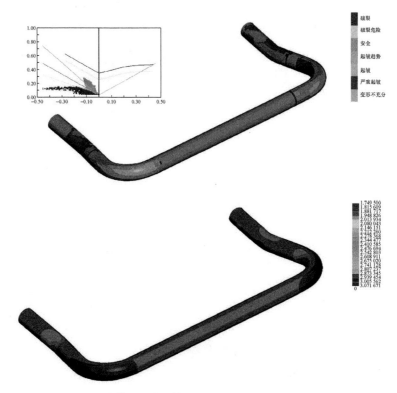

图 3.24 弯管过程中钢管的 FLD 和厚度分布图（见彩图）

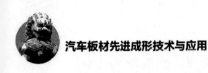
图 3.25 为弯管后钢管的壁厚分布。由图 3.25 可以看出：在位置 1 处，钢管的壁厚最小，其壁厚减薄率为 12.5%；而在位置 2 处，钢管的壁厚最大，其壁厚增大率为 53.5%。

图 3.25　弯管后钢管的壁厚分布

2. 预成形工序

图 3.26 为预成形过程中钢管的 FLD 和厚度分布情况。

图 3.26　预成形过程中钢管的 FLD 和厚度分布图（见彩图）

图 3.27 为预成形后钢管的壁厚减薄率分布，从图中可以看到，在位置 1 处，钢管的壁厚减薄率最大，为 12.88%。

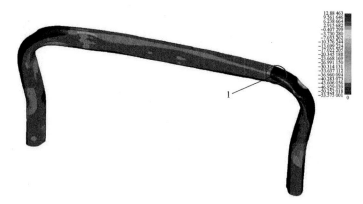

图 3.27　预成形后钢管的壁厚减薄率分布

3. 液压成形工序

图 3.28 为液压成形过程中钢管的 FLD 和厚度分布情况。

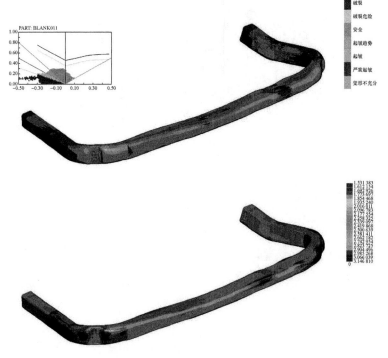

图 3.28　液压成形过程中钢管的 FLD 和厚度分布图（见彩图）

图 3.29 为液压成形后钢管的壁厚减薄率分布，从图中可以看到，钢管最大壁厚减薄发生在位置 1 处，其最大减薄率为 23.43%。

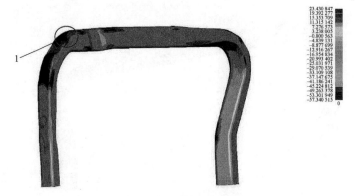

图 3.29　液压成形后钢管的壁厚减薄率分布

图 3.30、图 3.31 为现场调试结果，可以看出成形破裂位置与模拟分析中壁厚减薄最大位置相吻合。

图 3.30　试验样件

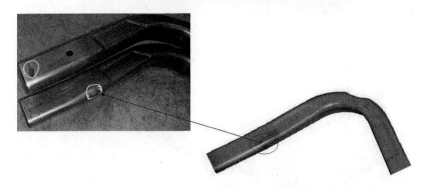

图 3.31　模拟结果与调试结果对比

3.5.1.4　样件试制及检测

对成形后的 B50 前副车架主管进行壁厚检测，首先将液压成形零件沿典型截面切开，如图 3.32 所示，之后用卡尺对每个截面进行壁厚测量。

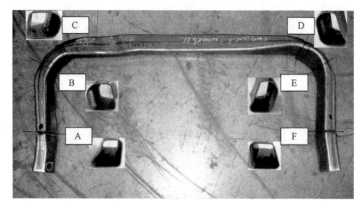

图 3.32　壁厚检测截面位置

3.5.2　井字形后副车架

3.5.2.1　零件特性及成形工序

该后副车架总成是典型的井字形结构（图 3.33），其左、右边梁为管材液压成形零件，且轴线是空间曲线类零件，沿轴线方向上的截面是变化的，截面周长变化率为 5.7%。

该副车架材料为 STKM11A，钢管规格为：直径 76.3 mm，壁厚 2.6 mm。材料力学性能参数如表 3.2 所示。

图 3.33　井字形后副车架

表 3.2　STKM11A 材料力学性能参数

力学性能	屈服强度/MPa	抗拉强度/MPa	延伸率/%
数值	155	290	35

该结构后副车架液压成形边梁零件是左右对称件，根据零件的特点，设计一模两件的成形方案（图 3.34）。由于零件轮廓是三维的空间曲线，因此需要

弯曲工序，采用数控弯曲的工艺将管材首先弯曲成和零件的轴线相同或者相近的形状，之后进行预成形。后副车架成形工序包括数控弯曲、预成形、液压成形以及最后的分离工序。

图 3.34   后副车架液压成形工艺方案（一模两件）

3.5.2.2   有限元分析

图 3.35 所示为后副车架液压成形各个阶段 FLD，各个阶段成形效果均良好。从图中可以看出，液压成形后，最大减薄位置仍旧发生在弯曲管的外侧，最大增厚位置仍旧发生在弯曲管的内侧。

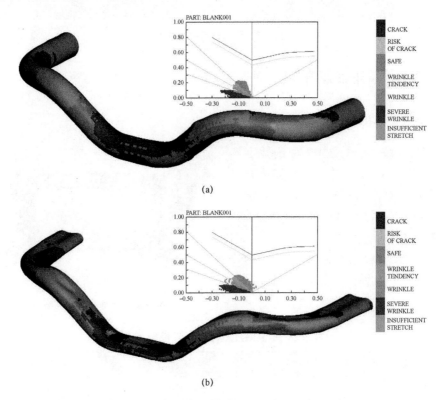

图 3.35   各个工序的 FLD（见彩图）
（a）弯曲后；（b）预成形后

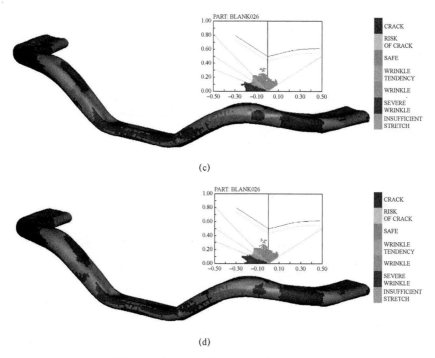

(c)

(d)

图 3.35　各个工序的 FLD（见彩图）（续）

（c）液压成形合模后；（d）液压成形

　　图 3.36 是后副车架液压成形合格件等效应变分布图。管坯数控弯曲后，等效应变分布相对较均匀，最大值为 0.17；预成形后，在弯曲管内侧等效应变值变化不大，最大值为 0.18；合模后等效应变值有所增加，最大值为 0.21。液压成形后，等效应变最大值仍为 0.21，出现在弯管内侧。

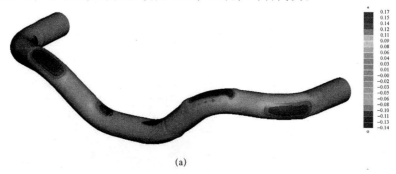

(a)

图 3.36　液压成形各个阶段等效应变变化图

（a）弯曲后

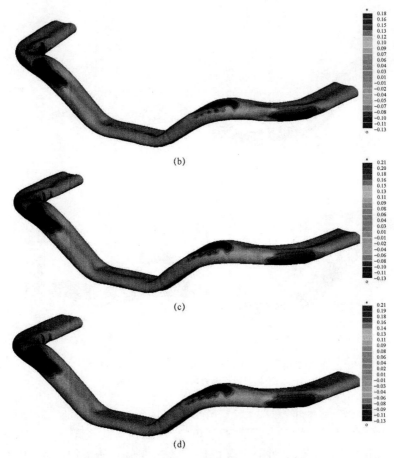

图 3.36　液压成形各个阶段等效应变变化图（续）
（b）预成形后；（c）合模后；（d）液压成形后

3.5.2.3　样件试制

分步进行了各工序的工艺试验，试验所得的各工序件如图 3.37 所示，包括弯曲件、预成形件、液压成形合模件、液压成形件。最终成形后的工件如图 3.38 所示，包括 10 个采用同步液压冲孔工艺加工得到的孔。

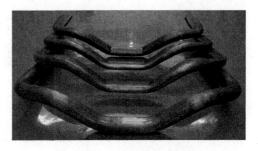

图 3.37　后副车架各工序件

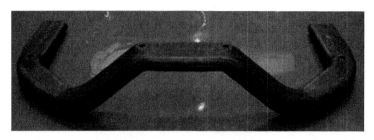

图 3.38　后副车架液压成形件

3.5.2.4　案例总结

通过对井字形后副车架边梁全流程开发，从液压成形工艺角度，编制了该类零件产品设计规范，主要包括如下内容：

1. 截面周长变化率

后副车架液压成形结构边梁截面周长沿轴向中心线的变化率 η 要求不超过 5%，即 $0 \leq \eta \leq 5\%$。图 3.39 为沿截面中心线的封闭截面周长示意图。

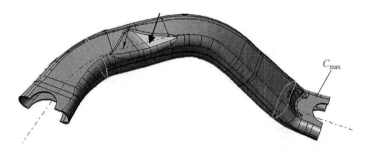

图 3.39　沿截面中心线的封闭截面周长示意图

截面周长变化率是指后副车架边梁沿轴线截面周长的变化程度，用百分数表示。最大截面周长变化率可用下式计算：

$$\eta_{\max} = \frac{C_{\max} - C_{\min}}{C_{\min}} \times 100\%$$

式中，$C_{\max}$ 为最大截面周长；$C_{\min}$ 为最小截面周长。

2. 弯曲半径

对最小弯管半径的要求：

$$R_{\mathrm{b}} \geq 2d$$

式中，R_b 为最小弯管半径；d 为钢管外径（对应最小截面周长 C_{min}）。

对于一个零件，尽量使每个弯的弯曲半径相同，即 $R_1 = R_2 = R_3$。可降低弯管模具层数，避免频繁换模，从而提高生产效率，如图 3.40 所示。

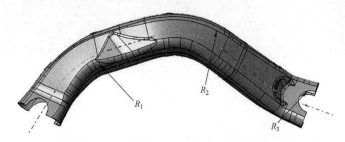

图 3.40　后副车架液压成形边梁弯管要求

3. 其他

除此之外，还要考虑零件的最小圆角半径、弯的数量等，只有前期产品按工艺要求进行设计，后期才能保证零件的稳定生产。

3.5.3　扭力梁

3.5.3.1　零件特性及成形工序

图 3.41 为扭力梁总成，其横梁采用高强钢管液压成形工艺，左、右纵臂成形工艺为钢管弯曲。该扭力梁横梁成形工艺为：预成形、液压成形及修端头。

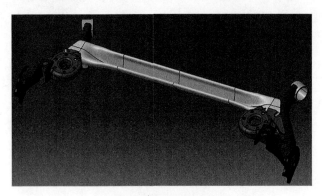

图 3.41　扭力梁总成

图 3.42 为扭力梁数模及典型截面形状，管件为 V 形结构，轴线为空间曲线，沿轴线方向截面变化复杂，截面变形程度大。沿管梁的轴线方向，分析截面的宽度变化，从端部到中间截面形状变化，截面最大宽度为 120 mm，位于端部

区域，最小宽度为 90 mm，位于 V 形区域。

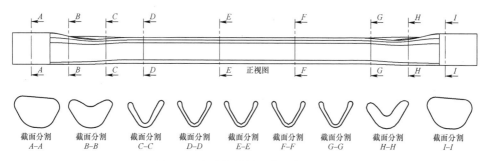

图 3.42　扭力梁数模及典型截面形状

管坯初始材料选用为先进高强钢 Domex 700MC，直径 101.6 mm，壁厚 2.8 mm，长 1 200 mm。材料力学性能参数如表 3.3 所示。

表 3.3　Domex 700MC 力学性能参数

力学性能	屈服强度/MPa	抗拉强度/MPa	延伸率/%
数值	590	780	12

3.5.3.2　有限元分析

图 3.43 为预成形和液压成形模具有限元模型，扭力梁液压成形过程包含合模和液压成形两个步骤。液压成形模具由上模和下模组成。模具和管坯采用板壳单元，但模具采用刚性体单元，管坯采用塑性体单元。

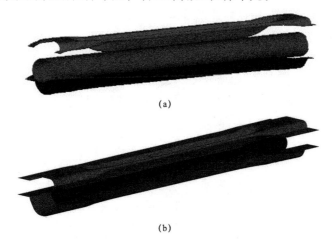

(a)

(b)

图 3.43　扭力梁有限元模型
（a）预成形模具和管坯；（b）液压成形模具和预制坯

如果不采用预成形过程，直接进行液压成形合模过程，则会出现飞边缺陷。液压成形数值模拟结果如图 3.44 所示，可以看出试件在合模过程即产生严重的咬边现象，金属不能全部进入模腔，堆积于分模面，这种情况无法继续进行液压成形过程，在实际生产中要严格避免出现类似的现象。否则，不但会造成所成形的产品报废，而且飞边会对模具产生很大的损伤，因此，要严格避免出现飞边缺陷。产生这种飞边缺陷的主要原因是管坯原始直径大于扭力梁模具型腔最小截面的宽度，导致在合模的过程中，金属留在分模面以外。

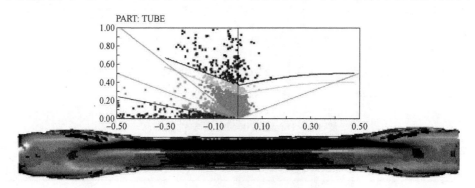

图 3.44　扭力梁的液压 FLD（见彩图）

所以对于该扭力梁的液压成形，增加预成形工序是十分必要的。预成形不但能够保证管坯顺利放入液压成形模具中完成合模，而且可以使管坯沿圆周方向预先合理分配材料，保证在后续的液压成形过程中，材料变形协调一致，避免产生开裂和局部减薄，保证壁厚均匀。由于试件的最小宽度为 90 mm，初始管坯直径为 101.6 mm，所以需要通过预成形将管坯的宽度收缩到一定范围，保证后续的合模过程顺利进行。

因为在数值模拟中比较容易控制上下模具间的距离，预成形过程通过上下模具间距离 s 的变化来控制预成形过程的压下量变化。对于不同 s 值，预成形试件的 FLD 如图 3.45 所示，壁厚减薄率如图 3.46 所示。从图中可以得出如下结论：压下量越大（即 s 值越小），预制坯越容易出现破裂现象，壁厚减薄率越大。

图 3.47 所示为不同 s 值时，扭力梁液压成形的 FLD。从 FLD 可以看出，当 s 值为 65 mm 时，合模时再次出现咬边现象，并在随后的液压成形中破裂，这是因为下压量不足，不足以保证试件全部进入模腔内。当 s 值为 35 mm 时，最后成形结果比较好。图 3.48 所示为不同 s 值时，扭力梁液压成形壁厚分布图，从图中可以看出，最终成形件壁厚相差不大，并且试件成形效果都良好。

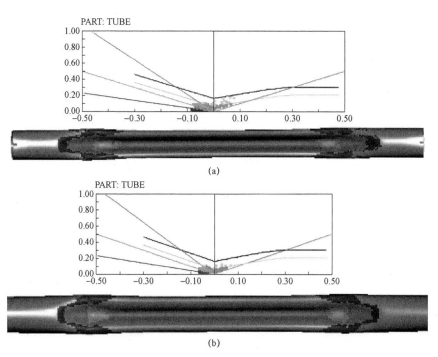

图 3.45 不同 s 值时，预成形试件 FLD

（a）$s = 35$ mm；（b）$s = 65$ mm

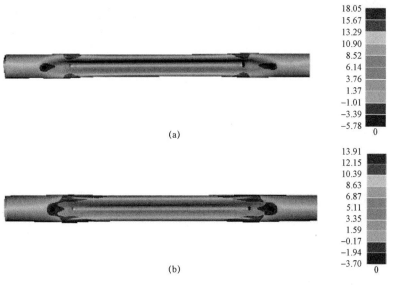

图 3.46 不同 s 值时，预成形试件壁厚减薄率

（a）$s = 35$ mm；（b）$s = 65$ mm

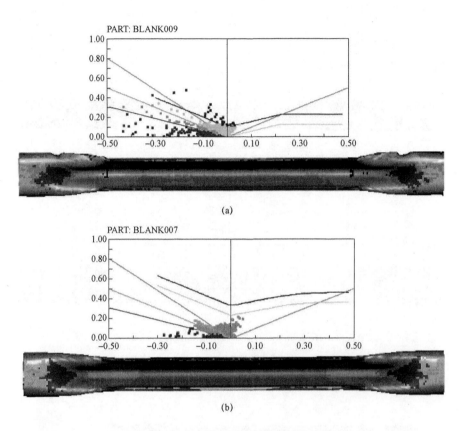

图 3.47　不同 s 值时，液压成形试件 FLD

（a）$s = 65$ mm；（b）$s = 35$ mm

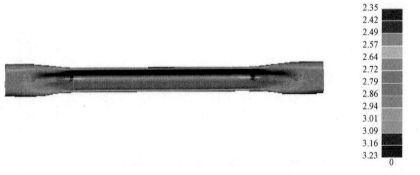

图 3.48　液压成形试件壁厚分布图

　　综合各种因素考虑，预成形时，s 值为 $35\sim50$ mm 时，得到的预制坯均能够成形出合格的液压成形件。s 值过小，预成形时直接破裂，s 值过大，合模时咬边。图 3.49 所示为 s 值为 50 mm 时，预成形时管坯变化情况。图 3.50 所示为 s 值为 50 mm 时，液压成形时管坯变化情况。图 3.51 所示为 s 值为 50 mm 时，预成形和液压成形结束时管坯等效应变变化情况，V 形截面向端面过渡区域一直是最危险的区域。

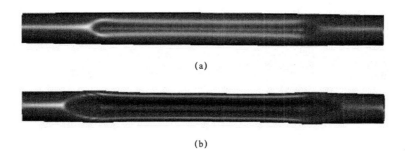

图 3.49　预成形过程管坯形状变化
（a）预成形初期；（b）预成形后期

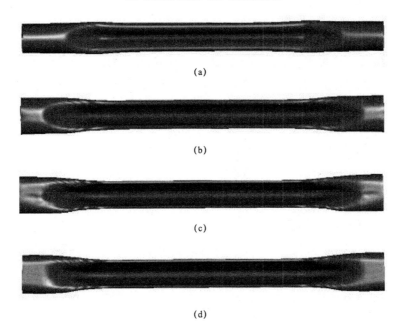

图 3.50　液压成形过程管坯形状变化
（a）合模前；（b）合模后；（c）液压成形前期；（d）液压成形后期

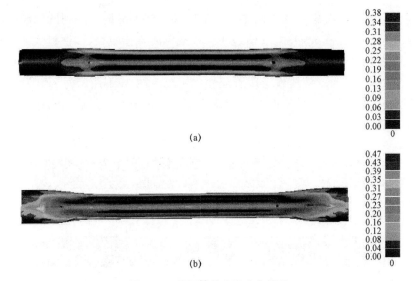

图 3.51　管坯等效应变分布情况
（a）预成形结束；（b）液压成形结束

3.5.3.3　样件试制

1. 扭力梁液压成形可变合模力加载路径

在液压成形过程中，加载路径通常包含三个方面：① 合模力和加载时间之间的关系。② 内压和加载时间之间的关系。③ 轴向进给和内压之间的关系。合模力和内压加载曲线如图 3.52（a）所示。采用可变合模力，即内压随合模力变化而变化，显著避免金属模具的长期高应力状态，提高模具的疲劳寿命。

图 3.52（b）给出了成形过程中轴向进给和内压的匹配关系。其中初始内压是用来避免因轴向力引起的屈曲。初始内压为 30 MPa，而整形压力为 200 MPa，另外轴向进给对液压成形扭力梁的厚度分布和成形精度有着重要的影响。

2. 扭力梁液压成形精度

图 3.53 给出了液压成形过程中轴向进给分别为 0 mm、5 mm 和 10 mm 的扭力梁。所有扭力梁皆可以顺利成形，无开裂缺陷。但当轴向进给为 15 mm 时，在连接区域出现屈曲，如图 3.54 所示。

3.5.3.4　零件尺寸及壁厚检测

将液压成形零件切开，测量了 4 个典型截面的尺寸与壁厚分布，截面选取如图 3.55 所示。

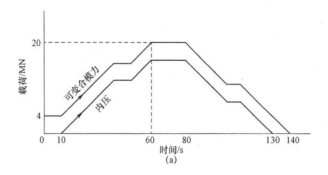

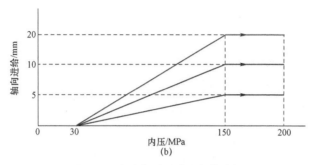

图 3.52　扭力梁液压成形加载路径

（a）合模力和内压；（b）轴向进给

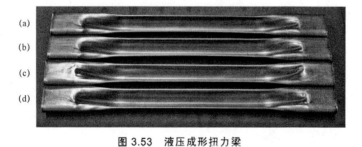

图 3.53　液压成形扭力梁

（a）轴向进给 10 mm；（b），（d）轴向进给 5 mm；（c）无轴向进给

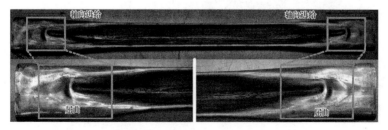

图 3.54　起皱（轴向进给 15 mm）

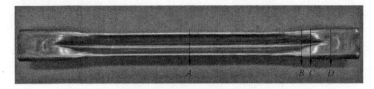

图 3.55　管件典型截面选取示意

图 3.56 所示为截面 A—A 壁厚变化率，测点 1 所在位置为焊缝处，截面 A—A 在位于"V"形圆角附近的 17 点及 35 点出现了壁厚变化率波峰，而在圆角区与直边区过渡的部分区域，也相应出现了壁厚变化率波谷的现象。由于 1 点为焊缝，其原始壁厚要大于管材初步壁厚 2.8 mm，而壁厚变化率均按照原始壁厚计算，因此 1 处的实际壁厚变化率要小于图示的变化率。

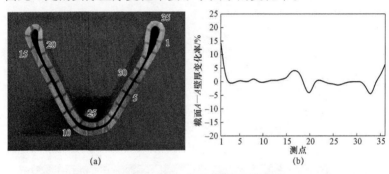

图 3.56　截面 A—A 壁厚变化率分布
（a）测点示意；（b）壁厚变化率分布

图 3.57 所示为截面 B—B 的壁厚变化率，随着测量点编号增大，截面 B—B 处管件壁厚变化率分布相对平稳，在位于"V"形圆角附近的 21 点和 35 点等处出现了壁厚变化率波峰，而在圆角区与直边区过渡的部分区域，也相应出现了壁厚变化率波谷的现象。

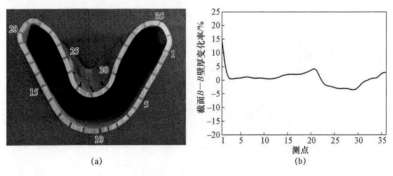

图 3.57　截面 B—B 壁厚变化率分布
（a）测点示意；（b）壁厚变化率分布

图 3.58 所示为截面 *C—C* 壁厚变化率，随着测量点编号增大，截面 *C—C* 处管件壁厚变化率逐渐上升，在"V"字形左右两侧的圆角处出现了壁厚变化率波峰，同时在位于"V"字形正中的内凹圆角处，壁厚变化率达到 9.68%。

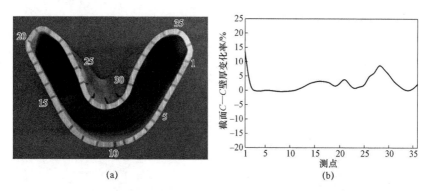

(a)　　　　　　　　(b)

图 3.58　截面 *C—C* 壁厚变化率分布
（a）测点示意；（b）壁厚变化率分布

图 3.59 所示为截面 *D—D* 壁厚变化率，截面 *D—D* 处的壁厚变化率分布情况与截面 *C—C* 的较为相似，随着测量点编号增大，壁厚变化率呈逐渐上升的态势，在位于 25 点至 30 点区域范围内，壁厚变化率出现峰值。

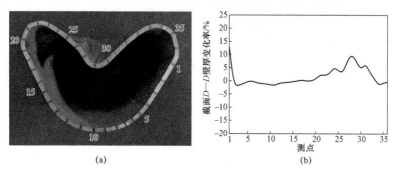

(a)　　　　　　　　(b)

图 3.59　截面 *D—D* 壁厚变化率分布
（a）测点示意；（b）壁厚变化率分布

对 4 个典型截面进行形状及尺寸测量，如图 3.60 至图 3.63 所示，获得了这 4 个典型截面长宽以及圆角半径等参数。截面 *A—A* 水平方向最大长度为 89 mm，竖直方向最大长度为 67.2 mm。截面 *B—B* 水平方向最大长度为 108 mm，竖直方向最大长度为 74.2 mm。截面 *C—C* 的形状及尺寸如图 3.62 所示，该截面水平方向最大长度为 110.6 mm，竖直方向最大长度为 76.2 mm。截面 *D—D* 的形状及尺寸如图 3.63 所示，该截面水平方向最大长度为 121.2 mm，竖直方向最大长度为 80 mm。

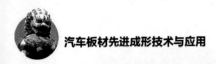

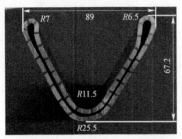

图 3.60　截面 A—A 形状及尺寸（单位：mm）

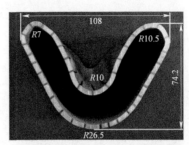

图 3.61　截面 B—B 形状及尺寸（单位：mm）

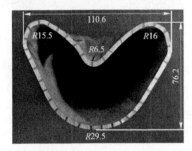

图 3.62　截面 C—C 形状及尺寸（单位：mm）

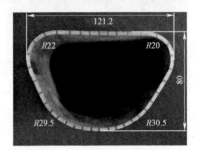

图 3.63　截面 D—D 形状及尺寸（单位：mm）

3.5.4　控制臂

3.5.4.1　零件特性及成形工序

控制臂管件为 V 形结构，轴线为空间曲线，沿轴线方向截面变化复杂，截面变形程度大，沿管件的轴线方向分析截面的宽度变化，截面最大宽度为 120 mm，位于端部区域，最小宽度为 90 mm，位于 V 形区域，如图 3.64 所示。

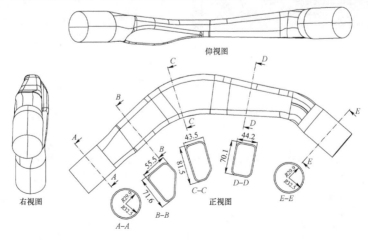

图 3.64　控制臂零件图

试验所用管材的材料为 DP590 高强钢，管材规格为外径 65 mm，壁厚 2.6 mm，管材长度为 800 mm，截取单向拉伸试样获得 DP590 高强钢的力学性能参数如表 3.4 所示。

表 3.4　DP590 高强钢力学性能参数

力学性能	屈服强度/MPa	抗拉强度/MPa	延伸率/%
数值	390	592	44.2

控制臂的主要成形工序包括数控弯曲、预成形、液压成形等主要工序，如图 3.65 所示，另外包括下料、端部切割等辅助工序。

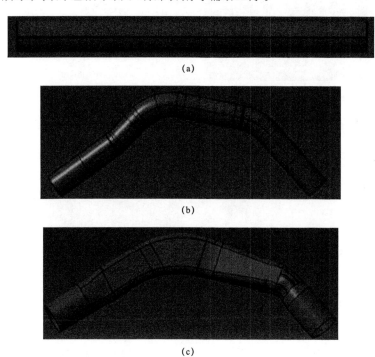

(a)

(b)

(c)

图 3.65　控制臂主要成形工序

（a）管坯；（b）预成形；（c）液压成形

3.5.4.2　成形过程分析

1. 弯管工序

弯管工序进行了高强钢管弯曲回弹规律及成形特性研究。

为了研究 DP590 焊管的弯曲回弹规律，设计了不同的数控弯曲单元试验，开展弯曲回弹控制研究，将焊缝位置设置在中性层，变化弯曲角度，对弯曲后的样件（图 3.66）进行角度测量，并进行数据整理，得到了弯曲后的回弹角度。通过对比分析得到弯曲回弹过程中回弹角度与弯曲角度之间的关系图。从图 3.67 可以看出，随着弯曲角度的增大，焊管回弹角也随着增大；回弹量的大小对弯曲角度有着重要的影响，基本呈线性关系。因此，在数控弯曲过程中必须考虑回弹量的影响。

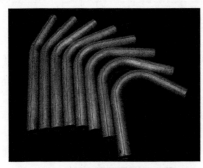

图 3.66　弯管试验样件

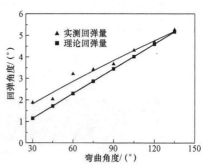

图 3.67　回弹量和弯曲角度关系

对弯曲工序进行有限元分析，由壁厚分布云图可知，弯曲后壁厚变化表现为外侧减薄，内侧增厚，如图 3.68 所示。图 3.69 为弯管工序件。

图 3.68　模拟结果

图 3.69　弯管工序件

2. 预成形工序

将数控弯曲后的工序件进行预成形，其成形过程如图 3.70 所示，在成形中期，管件发生变形，管件中性层首先和模具接触，随着压下量的增加，在管件的中性层附近形成内凹预制坯形状，壁厚分布情况与弯管工序相同。

由于数控弯曲存在着回弹，设计的弯曲角度和实际的弯曲角度存在着一定的偏差，即弯曲回弹。对于未考虑回弹量的管件，实际弯曲角度小于设计的角度，在预成形的过程中，就会出现咬边缺陷，如图 3.71 所示。而在数控弯曲过程，考虑到弯曲回弹，采用一定的补偿量，这样，得到的管件弯曲角度和设计角度相一致，在后续进行预成形工序时，可以顺利完成预成形过程，得到合格的预成形管件，没有出现上述方案中的咬边缺陷，如图 3.72 所示。

图 3.70　控制臂预成形过程

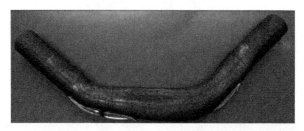

图 3.71　咬边缺陷（未考虑回弹补偿）

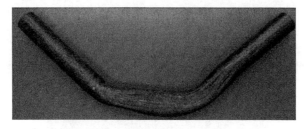

图 3.72　合格的预成形件（考虑回弹补偿）

3. 液压成形工序

　　针对液压成形工序，加载路径是指在液压成形过程中内压和轴向位移的相互关系，首先研究了补料量 S 对成形过程的影响，补料量分别为 0 mm，10 mm，20 mm 和 30 mm 条件下的成形结果。由图 3.73 中可以看出，在相同内压条件下，分别出现开裂、起皱和成形良好三种典型情况。在没有补料量或者补料量很小的情况下，当压力达到 120 MPa 时，出现开裂缺陷。而在补料量很大的情况下，出现起皱缺陷，只有当补料量适当的情况下，可以成形出合格的工件。

　　图 3.74 为不同补料量下的试验结果，在补料量为 10 mm 时，当压力达到 110 MPa 时就出现了开裂现象；而在补料量为 30 mm 时，当压力达到 130 MPa 时，还存在起皱现象，在补料量为 20 mm 时，当压力达到 120 MPa 时既没有出现开裂，又没有出现起皱现象。

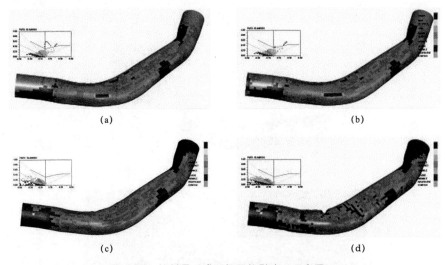

图 3.73　补料量对成形极限的影响（见彩图）
（a）$S = 0$ mm；（b）$S = 10$ mm；（c）$S = 20$ mm；（d）$S = 30$ mm

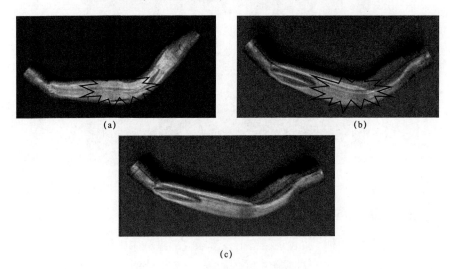

图 3.74　补料量对成形结果的影响
（a）$S = 10$ mm（$P_c = 110$ MPa）；（b）$S = 30$ mm（$P_c = 130$ MPa）；（c）$S = 20$ mm（$P_c = 120$ MPa）

　　从这三个成形件，对比可以看出补料量在 20 mm 左右时成形效果最好，补料量太小，容易发生开裂现象；而补料量太大又会出现起皱问题，所以适当的补料量可以避免这些问题的出现，从而得到合格的液压成形件。

3.5.4.3　模具应力和变形

　　图 3.75 为内压 150 MPa，合模力 10 000 kN 条件下的模具结构变形分布情

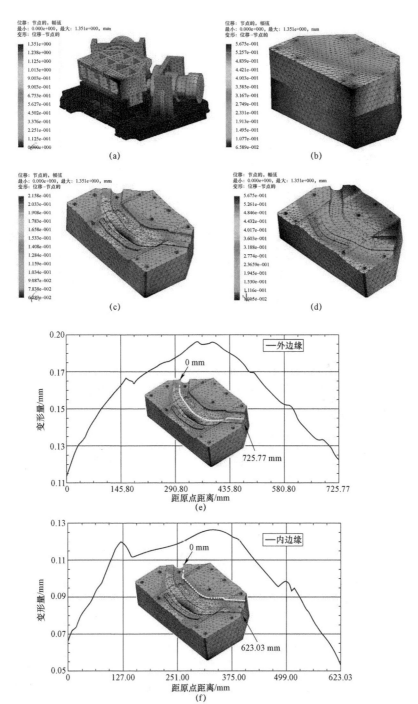

图 3.75　控制臂液压成形模具的变形分析结果（mm）（见彩图）

（a）整体；（b）模块；（c）下模块；（d）上模块；（e）下模块型腔外边缘；（f）下模块型腔内边缘

况，从图中可以看出，在给定载荷下，模具整体的变形量比模块的变形量大，这主要是由于模座的变形较大，数值达到 1.35 mm，但模块的变形量只有 0.57 mm。尽管模块的最大变形量达到 0.57 mm，但发生位置是模块的外侧，而对于影响零件尺寸精度的模具型腔，沿模块型腔边缘的变形量分布如图 3.75(e) 和（f）所示，最大变形量仅为 0.195 mm，对零件的尺寸精度影响很小，满足成形精度要求。

图 3.76 为控制臂液压成形模具等效应力分布。

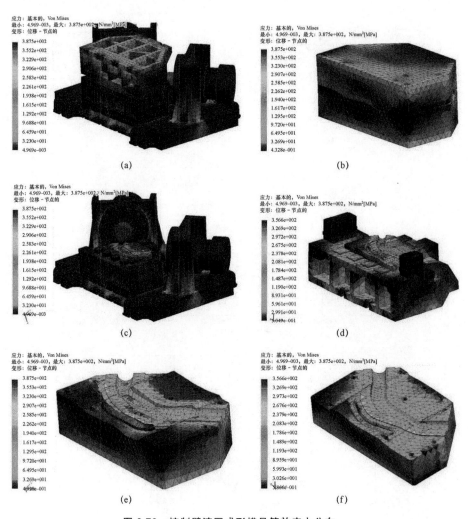

图 3.76　控制臂液压成形模具等效应力分布
（a）整体；（b）模块；（c）下模；（d）上模；（e）下模块；（f）上模块

3.5.4.4   样件尺寸及壁厚检测

将如图 3.77 所示液压成形零件切开，分析了控制臂液压成形零件的典型截面尺寸与壁厚分布，共切取了 4 个典型截面。对 4 个典型截面分别取点测量壁厚，整理得到各点的壁厚变化率随测点的分布，如图 3.78～图 3.81 所示。

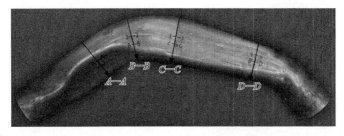

图 3.77   管件典型截面选取示意

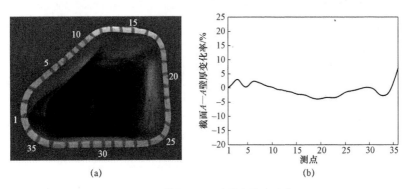

(a)   (b)

图 3.78   截面 A—A 壁厚变化率分布

（a）测点示意；（b）壁厚变化率分布

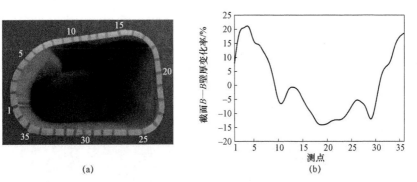

(a)   (b)

图 3.79   截面 B—B 壁厚变化率分布

（a）测点示意；（b）壁厚变化率分布

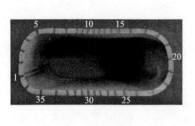

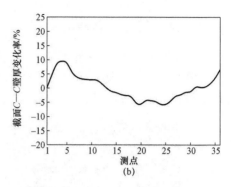

(a)   (b)

图 3.80　截面 C—C 壁厚变化率分布

（a）测点示意；（b）壁厚变化率分布

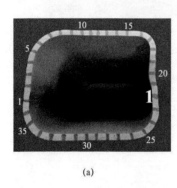

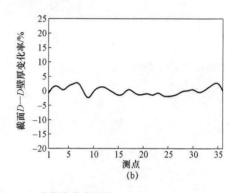

(a)   (b)

图 3.81　截面 D—D 壁厚变化率分布

（a）测点示意；（b）壁厚变化率分布

    对 4 个典型截面进行形状分析及尺寸测量，获得近似矩形的长宽以及圆角半径等参数。截面 A—A 至截面 D-D 的形状及尺寸分别如图 3.82～图 3.85 所示。截面 A—A 水平方向最大长度为 68.2 mm，竖直方向最大长度为 55.9 mm。截面 B—B 水平方向最大长度为 72.6 mm，竖直方向最大长度为 48.5 mm。截面 C—C 水平方向最大长度为 83.5 mm，竖直方向最大长度为 35.5 mm。截面 D—D 水平方向最大长度为 62.5 mm，竖直方向最大长度为 50.5 mm。

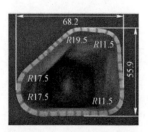

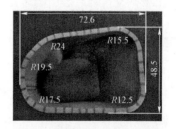

图 3.82　截面 A—A 形状及尺寸（单位：mm）　　图 3.83　截面 B—B 形状及尺寸（单位：mm）

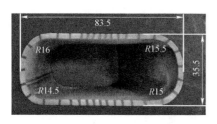
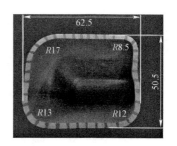

图 3.84 截面 C—C 形状及尺寸（单位：mm）　图 3.85 截面 D—D 形状及尺寸（单位：mm）

3.5.5 吸能盒

3.5.5.1 零件特性及成形工序

图 3.86 是某车型前保险杠总成，其左、右吸能盒为液压成形结构，如图 3.87 所示。根据该零件的结构特点及尺寸，采用一次成形多件，然后再切开的方式，如图 3.88 所示。

图 3.86 前保险杠总成

图 3.87 吸能盒零件

图 3.88 液压成形工艺方案

该吸能盒材料为 ST280，钢管规格为：直径 86 mm，壁厚 2 mm。其材料力学性能参数如表 3.5 所示。

表 3.5　ST280 力学性能参数

力学性能	屈服强度/MPa	抗拉强度/MPa	延伸率/%
数值	396.2	479.6	33.5

3.5.5.2　有限元分析

首先根据产品几何尺寸，确定钢管材料规格。从图 3.89 的吸能盒沿轴线周长变化分析中可以看到，其沿轴线上截面的最大变化量为 4.03%，最小变化量为 1.05%。

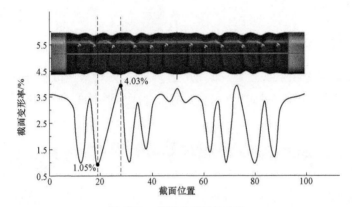

图 3.89　液压成形产品分析

图 3.90（a）为经过多轮产品数据优化后，液压成形模拟后壁厚减薄率结果，可见成形后零件最大减薄率为 21%，最大增厚为 6%。图 3.90（b）为管材的成形性分析情况，从图中可以看到除了局部位置有起皱的趋势外，其余大部分位置成形性很好，基本满足液压成形要求。

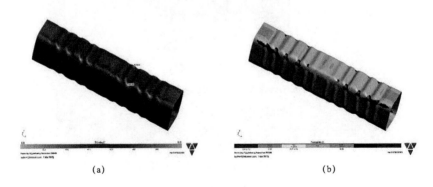

(a)　　　　　　　　　　　　　(b)

图 3.90　液压成形有限元分析（见彩图）
（a）减薄率；（b）成形性

3.5.5.3　样件试制

首先选用不同压力进行液压成形，分别为 100 MPa、120 MPa、150 MPa、180 MPa，从成形后零件外观看，随着压力的增加，零件上的局部突起成形棱线清晰，成形精度提高。图 3.91 为 180 MPa 下样件照片。

小批量试制吸能盒的液压成形主要工艺参数如下：① 成形压力：180 MPa。② 合模力：8 000 kN。③ 水平缸推力：1 700 kN。图 3.91 为切割后的最终产品零件。

图 3.91　最终产品零件

3.5.5.4　壁厚检测

对成形后的液压成形件，选取典型位置进行壁厚测量，如图 3.92 所示。分别选取液压成形零件宽边中点、窄边中点和圆角位置沿轴向，间距 30 mm 测点，测得的壁厚分布情况如图 3.93 所示。从测量结果来看，壁厚最大减薄率出现在宽边中点位置，最大减薄率为 6.5%。

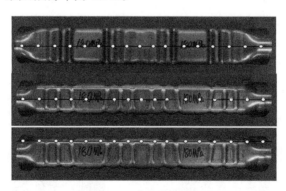

图 3.92　成形后的零件

3.5.5.5　案例总结

通过对该吸能盒产品、工艺及试制等的全流程开发，从液压成形工艺角度，编制了吸能盒类零件产品设计规范，主要包括如下内容：

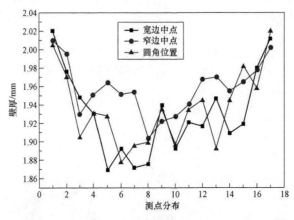

图 3.93　壁厚测量分布

1. 截面周长变化率

碰撞缓冲器截面周长沿轴向中心线的变化率 η 要求不超过 5%，即 $0 \leqslant \eta \leqslant 5\%$，图 3.94 为沿截面中心线的封闭截面周长示意图。

截面周长变化率是指碰撞缓冲器沿轴线截面周长的变化程度，用百分数表示。最大截面周长变化率可用下式计算：

$$\eta_{max} = \frac{C_{max} - C_{min}}{C_{min}} \times 100\%$$

式中，C_{max} 为最大截面周长；C_{min} 为最小截面周长。

2. 最小圆角设计要求

对于产品特征型面，在设计时要求最小内圆角半径满足如下要求：$r \geqslant 3t$，$R \geqslant 10 \text{ mm}$，其中，$t$ 为零件壁厚，其他符号具体如图 3.95 所示。

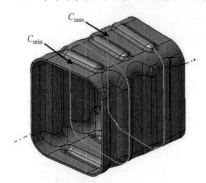

图 3.94　截面周长示意图

图 3.95　最小圆角半径示意图

3.5.6　铝合金副车架

3.5.6.1　零件特性及成形工序

图 3.96 是基于某国产 C 级轿车钢质后副车架开发的全铝合金副车架总成，其中，左、右边梁和前横梁按照铝管液压成形结构设计，其轴线是空间曲线类零件，沿轴线方向上的截面是变化的，其成形工序为典型的弯管、预成形和液压成形。

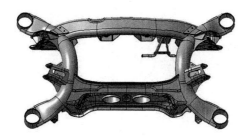

图 3.96　铝合金副车架总成

左、右边梁和横梁选用的铝管材料牌号为铝合金 6063，其中，边梁直径 78 mm，壁厚 4 mm，横梁直径 87 mm，壁厚 4 mm。材料力学性能参数如表 3.6 所示。

表 3.6　铝合金 6063 – T6 力学性能参数

材料牌号	屈服强度/MPa	抗拉强度/MPa	延伸率/%
6063 – T6	≥190	≥230	≥6%

3.5.6.2　有限元分析

对铝合金液压成形零件进行工艺分析，通过优化产品数据实现最后零件的成形性要求，其中，横梁圆角处最大减薄量为 10.6%，边梁弯管外侧最大减薄量为 17.8%，如图 3.97 所示。

图 3.97　铝合金副车架减薄情况（见彩图）

3.5.6.3　样件试制

　　根据前横梁零件特点，弯管采用模具压弯，压弯模具如图 3.98 所示，图 3.99 为液压成形模具。通过合理控制轴向补料及内压力实现零件的最终成形，成形后的零件如图 3.100 所示。

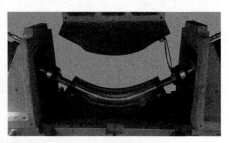

图 3.98　压弯模具图　　　　　　　　图 3.99　液压成形模具

图 3.100　成形后的零件图

　　边梁零件弯管工序采用数控弯管机，通过优化弯管参数实现弯管工序件尺寸和壁厚减薄的控制。图 3.101 为液压成形模具，通过控制轴向补料及内压力实现零件的最终成形，成形后的零件如图 3.102 所示。

图 3.101　液压成形模具　　　　　　图 3.102　成形后的零件图

3.5.6.4　案例总结

　　由于铝合金材料常温成形性较差，因此在产品设计时要充分考虑材料的工艺特性，重点从以下两个方面考虑：

1. 截面周长变化率

产品沿轴线的周长变化率不能过大，应控制在合理范围之内，同时还要考虑由于弯曲造成的外侧塑性变形情况。

2. 最小圆角设计要求

对于产品特征型面，在设计时要求最小内圆角半径 r 满足如下要求：$r > 4t$，其中，t 为零件壁厚，其他符号具体见图 3.103。

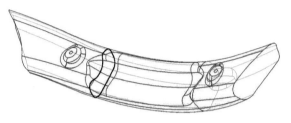

图 3.103　最小圆角半径示意图

| 3.6　液压成形技术发展趋势 |

液压成形技术近几年来在国内外汽车工业得到广泛应用，而主机厂对整车轻量化和降低制造成本的迫切需求，又促使液压成形技术不断创新。众所周知，轻量化材料是实现车身轻量化的主要途径，目前，国外车型车身及底盘广泛采用先进高强钢、超高强钢、热成形钢以及铝合金材料等。针对高强钢和铝合金材料成形性能相对较差的问题，国内外知名零部件供应商及科研机构开发了压力顺序成形技术（Pressure Sequence Hydroforming）、热气胀成形技术，既解决了高强钢和铝合金成形性差的问题，同时也降低了成形所需的内压力和压机吨位。

3.6.1　压力顺序成形技术

压力顺序成形是在模具还没有完全闭合之前向管坯内填充高压液体介质，利用液体介质作为内压支撑和传力介质，通过压力机闭合模具产生的机械压力和管内液体压力的共同作用来实现管材的塑性变形，如图 3.104 所示。

与传统液压成形工艺相比，压力顺序成形具有以下特点：

（1）成形压力低，合模压力机吨位小，运行速度快，生产效率高。

图 3.104　内低压成形原理

（2）适合于高强钢和铝合金等成形性较差的材料。

（3）管坯与模具之间摩擦力小，模具使用寿命长。

压力顺序成形技术主要应用在车身 A、B 柱等高强钢管的成形，如福特全系、吉普 SUV 车型全系、克莱斯勒部分车型、欧宝部分车型、捷豹车型全系等A 柱全部采用压力顺序成形设计。

3.6.2　热气胀成形技术

为了解决高性能铝合金等轻合金材料室温塑性低、成形困难的问题，以及高强钢管材液压成形尺寸控制困难的问题，采用加热坯料实现高温成形异形截面零件是液压成形发展的一个重要方向。以硼钢管材热气胀为例，其成形过程为：首先在加热炉中对管坯进行加热，使其完全奥氏体化，将加热的管坯快速放置到成形模具中，同时向管坯内填充高压气体，实现其成形和淬火，主要成形工序如图 3.105 所示。

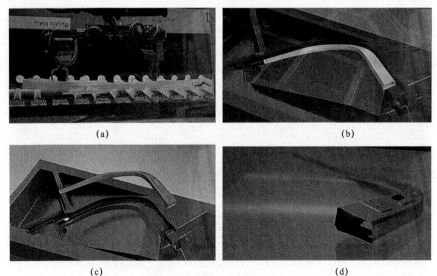

(a)　　　　　　　　　　　　(b)

(c)　　　　　　　　　　　　(d)

图 3.105　热气胀成形技术

（a）加热管坯；（b）成形及热处理；（c）取出成形后工序件；（d）后续加工后的零件

与传统液压成形工艺相比，热态内压成形具有以下特点：可成形小圆角、复杂截面、大截面差零件、厚壁管、高强钢，适用于所有金属，设备较小（合模力小），模具成本低。

目前该工艺已经实现在乘用车车身 A 柱等零件上的应用，如图 3.106 所示。

图 3.106　热气胀成形车身 A 柱

参 考 文 献

[1] 苑世剑，王仲仁. 内高压成形的应用进展[J]. 中国机械工程，2002，13（9）：783 – 786.

[2] 苑世剑. 内高压成形技术现状与发展趋势[J]. 金属成形工艺，2003，21（3）：1 – 3.

[3] 王小松，祝世强，苑世剑. 异型截面铝合金管件内高压成形[J]. 航空制造技术，2007，29（1）：519 – 522.

[4] 韩聪. 弯曲轴线异型截面管内高压成形规律研究［D］. 哈尔滨：哈尔滨工业大学，2006.

[5] 刘刚，苑世剑，滕步刚. 内高压成形矩形断面圆角应力分析[J]. 机械工程学报，2006，42（6）：150 – 155.

[6] 王小松. 内高压成形过程起皱行为研究［D］. 哈尔滨：哈尔滨工业大学，2005.

[7] 林俊峰. 空心曲轴内高压成形机理研究［D］. 哈尔滨：哈尔滨工业大学，2008.

[8] 苑文婧. 非对称大膨胀率管内高压成形研究［D］. 哈尔滨：哈尔滨工业大学，2008.

[9] 苑世剑. 现代液压成形技术［M］. 北京：国防工业出版社，2009.

[10] 苑世剑. 现代液压成形技术［M］. 2 版. 北京：国防工业出版社，2016.

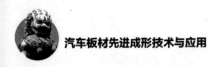

[11] Gary Morphy. Tube Hydroforming: Efficiency and Effectiveness of Pressure Sequence Hydroforming[R]. Proceedings of International Body Engineering Conference, 1998.

[12] 蒂森克虏伯. Solutions for Automotive Efficiency-ThyssenKrupp InCar@plus[R]. 长春：2015.

[13] Proceedings of 20th Global Car Body Benchmarking Conference ［R］. Bad Nauheim：Automotive Circle International，2018.

[14] 谢文才. 异形截面薄壁焊管内高压成形规律研究［D］. 哈尔滨：哈尔滨工业大学，2018.

第 4 章

热冲压成形技术

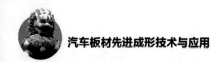

| 4.1　热冲压成形技术概述 |

4.1.1　热冲压成形技术原理

超高强钢板热成形技术就是将超高强钢板料加热至奥氏体化温度以上，并保温一段时间使之完全均匀奥氏体化，然后将其迅速转移到模具中快速冲压成形，并且保持合模状态一段时间使工件形状尺寸趋于稳定，同时在模具内冷却淬火，使工件的奥氏体组织完全转变为板条状马氏体组织的一种金属板材塑性加工技术。由于在该工艺中，工件材料发生了奥氏体到马氏体组织的转变，成形后零件强度和硬度得到较大幅度的提高，因此该项技术又被称为冲压硬化技术。

高强钢板热冲压成形工艺流程大体可分为：钢板炉内加热保温阶段、转运阶段、快速冲压成形阶段、模具内淬火阶段以及抛光喷丸阶段等。具体流程如图 4.1 所示。

（1）钢板炉内加热保温阶段：硼钢板需要加热到 900 ℃以上，并且炉内继续保温 3 min，使钢板完全奥氏体化。如果温度过低，则影响奥氏体转变量，导致钢板欠奥氏体化；如果温度过高，则会导致钢板奥氏体晶体生长以致粗大，淬火后影响板条状马氏体的含量。

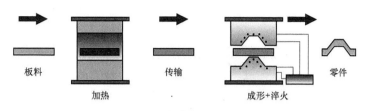

图 4.1　热成形工艺原理

（2）转运阶段：完全奥氏体化的钢板需要用机械手转运至冲压模具的指定位置，在转运过程中常常会有喷雾冷却装置对高温钢板适度降温，使得钢板在成形时刻为最佳冲压成形温度，这样能够有效地防止淬火后成形件开裂等缺陷的产生。

（3）快速冲压成形阶段：高温钢板转运至模具内指定位置后，需要快速液压机进行冲压成形。快速液压机具有合模速度快的特点，能够满足成形时机的合理控制，避免慢速冲压带来的成形温度控制差问题；同时，快速液压机可实现节拍控制，提升生产效率，降低单件制造成本。此阶段中，某些带有切边功能的模具会将多余的样件边料在冲压阶段一起冲裁除去。

（4）模具内淬火阶段：钢板快速冲压成形后，需要保持一定的冲压压力，利用带有水冷管道的模具快速冷却淬火，冷却速率需要达到 27 ℃/s 以上，使得高温奥氏体组织充分地转变为马氏体组织，获得高强度、高硬度的成形件，同时保压淬火还能有效保证成形精度，减小成形件回弹量。

（5）抛光喷丸阶段：未带有防氧化涂层的硼钢板在热成形后，成形零件表面会附有一层分布不均匀的氧化层，在对成形件进行喷涂之前需要对零件表面进行喷丸处理，除去表面氧化层；对成形件进行抛光喷丸还能够有效地减小成形件残余内应力，增强零件的抗疲劳性等服役性能。

按照对板料预处理情况，超高强钢板热成形工艺分为直接热成形和间接热成形两类，如图 4.2 所示。

1. 直接热成形工艺

下料后直接把坯料加热至均匀奥氏体化，然后冲压成形并保压淬火。该工艺主要用于形状比较简单、材料变形程度不大的零件。

2. 间接热成形工艺

加工复杂零件时将板料预先冷成形到一定形状，再将其加热至奥氏体化温度以上，然后在热成形模具中完成最终零件形状的成形并在模具内淬火，得到符合预期质量的零件。经过预成形后，坯料在下一步热成形的冲压深度减小，

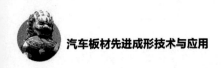
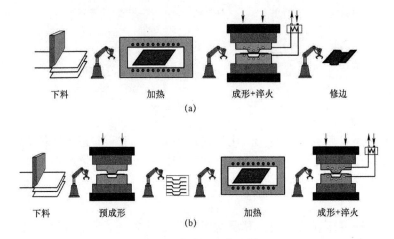

图 4.2　热成形工艺分类

（a）直接热成形；（b）间接热成形

成形时温度散失相对较少；同时加热坯料的过程也使得预成形时工件发生回复，消除了成形产生的残余应力。

4.1.2　热成形工艺特点

热冲压成形是板材塑性加工中的新技术，其在工艺原理和步骤上都有别于传统的冷冲压成形工艺，因此其工艺设计与通常的板材冷冲压成形也有许多差异之处，具体表现在如下几个方面：

（1）所用材料不同。

热成形中所使用的板料为高强、超高强钢板，其化学组分包含多种微合金元素，具有很强的淬透性，但常温下材料塑性较低；通常情况下冷冲压使用的是含碳量较低的钢板，常温下材料的屈服强度远低于高强钢板，而延伸率却大大高于热成形用板材。

（2）成形温度不同。

热成形工艺一般在金属的再结晶温度以上进行，此时材料组织为均匀奥氏体；而冷成形是在室温下直接成形，无须加热。

（3）使用设备不同。

冷冲压使用的生产设备通常有落料压机、机械压机或压机生产线；而热成形则需要落料压机、加热设备、快速液压机、冷却循环装置、激光切割设备、去氧化皮设备和机械手等。

（4）工装夹具不同。

冷成形的工装设备主要包括落料模、冷成形工序模具；热成形工艺工装主要有落料模、预成形模、板料加热定位夹具、热成形模具、去氧化皮夹具、激光切割夹具等，其中模具结构中需要设计出冷却系统管道。

（5）成形件质量不同。

冷成形所加工出的零件表面光滑；但受材料成形性能局限，在成形中容易出现起皱、拉裂现象，零件回弹严重，尺寸稳定性较差。

在热成形工艺中，由于板料在高温下成形，因此零件表面易氧化，表面质量很难控制；在工件冷却过程中，零件各部位温度下降速度不等导致的温度分布不均会使零件产生热应力和热变形。热成形零件在成形过程中不易起皱、破裂，回弹较小，尺寸稳定性较好。成形后材料晶粒得到细化，力学性能大幅提高。

与传统的冷冲压成形技术相比，热冲压成形技术有如下优点：

（1）成形件强度高，成形后的零件抗拉强度可达 1 500 MPa 以上，而且具有良好的耐磨性。

（2）成形性好，板料在高温下具有更好的流动性，加工几何形状更加复杂的零件时可一次成形。

（3）成形件质量好，成形后零件尺寸精度高，回弹量小，见图 4.3。

冷成形件　　　　　　　　　　　热成形件

图 4.3　热成形件和冷成形件的回弹对比

（4）成形负荷小，成形所需压力机吨位比冷成形低。

（5）材料焊接性能好。

| 4.2　热冲压成形钢板材料 |

随着高强度汽车用钢的大力发展，钢板的强度大幅度上升，使得钢板的成形载荷不断增加。同时钢板强度的提高，也加剧了成形模具的磨损，降低了模具的使用寿命。最为关键的是冷成形中，高的屈服强度造成成形零件产生的回弹无法解决。热成形工艺中，高温状态的坯料在成形过程中的冷却是依靠模具对其进行接触传热，其冷却速度较低，因此要求钢板具有非常良好的淬透性。目前所使用的热成形钢板均为低合金硼钢。

按表面有无镀层，可分为有镀层和无镀层的硼钢板。全球规模最大的钢铁制造集团 Arcelor 公司开发并批量生产热冲压钢板 USIBOR 1500，其拥有 Al-Si 镀层热冲压板材的生产专利。常温时屈服强度在 280~400 MPa 之间，抗拉强度大于 450 MPa。热处理后，板料组织为均匀分布的马氏体，屈服强度可达 1 200 MPa，抗拉强度可达 1 600 MPa，为普通钢板强度的 3~4 倍。瑞典的萨博公司开发并生产了 Domex 系列的热轧可淬火硼钢板，其系列包括 20MnB5、27MnCrB5 等。德国蒂森克虏伯钢铁公司开发了锰硼高强钢板，热成形淬火后强度高达 1 600 MPa。另外，日本新日铁、神户制钢、韩国的浦项钢铁等公司均能生产批量供货的热冲压微合金钢。此外，欧洲部分国家都可以批量生产并提供热成形用的高强钢。

国内上海宝钢集团近年开发了两种不带镀层的热冲压硼合金钢板：冷轧 B1500HS 钢板和热轧 BR1500HS 钢板。目前已经批量供货，也是目前国内唯一的热冲压成形用钢板供应商。武汉钢铁公司开发研制了 WHT1300HF 热成形钢，这种钢退火后的抗拉强度可达到 1 300 MPa，主要用于汽车的整体框架。另外，国内鞍山钢铁公司、通化钢铁公司等钢铁企业也已开发出可批量生产的热成形钢板的冶炼、轧制工艺。

4.2.1 热冲压钢板基材

合理选择热成形钢板是实现热冲压成形过程的保证。

钢板的化学成分和性能如表 4.1 所示。钢板的化学成分允许偏差应符合 GB/T 222—2006 的规定。

表 4.1　热冲压成形用钢板化学成分　　　　　　　%

成分	C	Si	Mn	P	S	Al	Cr	B	Ti	N
质量分数	0.16~0.26	0.15~0.40	1.10~1.40	≤0.025	≤0.005	0.02~0.06	≤0.35	0.001~0.005	0.020~0.050	≤0.009

热冲压钢板的力学性能要求应符合表 4.2 规定。

热冲压钢板供货状态的金相组织应为铁素体加珠光体组织，有微量的碳化物颗粒，少数情况下可以有贝氏体组织。其金相照片如图 4.4 所示。

表 4.2　热冲压钢板力学性能要求

类别	屈服强度/MPa	抗拉强度/MPa	延伸率/（A_{80}，%）
冷轧（+C）	310～400	480～560	20
热轧（+H）	≥320	≥500	≥10
AlSi 涂层板	350～550	500～700	≥10

图 4.4　热冲压钢板供货状态组织

4.2.2　钢板表面镀层

20 世纪 90 年代初期，Arcelor 钢厂开发出带 Al – Si 镀层的热成形钢板，Al – Si 镀层热成形钢板生产过程中不需要气体保护和喷丸工序，极大地简化了热成形生产工艺，降低了生产成本。因欧洲汽车安全法规日益严格，热成形零件得到各家主机厂的青睐。21 世纪初期，德国大众公司首先在帕萨特车型大量使用热成形钢板。之后热成形钢板在大众公司应用日益增加，如大众公司采用的 MQB 平台热成形件比例由原来的 10%～15%提高到 20%～30%，并且，绝大多数热成形钢板为镀 Al – Si 的热成形钢板。其他的欧洲主机厂，如奔驰、宝马等在 2000 年以后也大规模应用热成形钢板。宝马公司热成形钢板除无镀层的 22MnB5 外，考虑耐蚀性原因，热成形钢板多为镀锌钢板，但其生产难度大。美系主机厂，如通用、福特等从 2007 年开始也大量应用热成形钢板。通用公司除使用无镀层的 22MnB5 和 Al – Si 镀层热成形钢板外，为降低成本，将铝硅复层热成形板改为合金化热镀锌（GA）钢板。并且计划将热成形钢板应用比例由目前平均 3%提高到 10%～20%。GA 热成形钢板应用技术研究主要包括如下内容：

（1）加热最高温度 910 ℃（铝硅复层热成形板 930 ℃）。

（2）成形微裂纹控制。

（3）粘接剪切试验。

（4）连接技术。

4.2.3　热冲压常用制板技术

1. 激光拼焊板

激光拼焊板（Tailor Welded Blank，TWB）热成形是将两块（或多块）不同强度级别/料厚的板坯采用激光焊焊拼接后进行热冲压成形的工艺，其工艺路线如图 4.5 所示。根据其工艺特点，TWB 热成形零件最大的应用优势在于能根据零件不同区域性能要求设置材料强度级别和材料厚度。

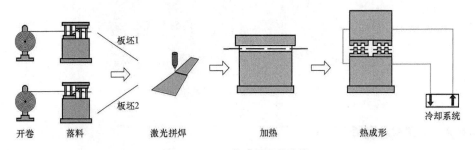

图 4.5　TWB 热成形工艺路线

2. 不等厚轧制板

不等厚柔性轧制板（Tailor Rolled Blank，TRB）是在激光拼焊板之后出现的新型制板技术，其生产原理及工序内容如图 4.6 所示。TRB 零件可根据零件局部性能需求实现不等厚度定制设计。在车身制造中，TRB 多应用于以悬臂梁、简支梁为模型的车身骨架梁类零件设计，以达到该类零件等效截面所受载荷相同的状态。梁类零件的 TRB 结构合理设计是提高车身轻量化水平的有效手段，是车身设计合理化的重要体现。

TRB 与 TWB 板相比具有以下特点：

（1）不需要焊接及相应的精剪（或落料）工序。

（2）连续性生产率高，质量性能稳定。

（3）无焊缝及其产生的性能影响，性能均匀性好。

（4）表面质量高。

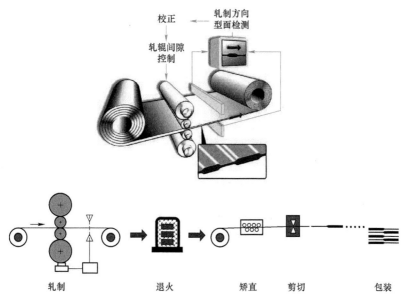

图 4.6 TRB 生产原理及工序内容

（5）差厚过渡均匀，无厚度突变导致的应力集中。

因此 TRB 在汽车车身上应用前景广阔。德国 MUBEA 公司目前已商业化生产卷宽 750 mm 以内的 TRB 并从事 TRB 零件生产，零件应用于大众、奥迪、宝马、奔驰、通用等多款车型。

|4.3 热冲压成形工艺|

4.3.1 热冲压成形工艺设计方法

热冲压成形工艺设计应遵循如下准则：

（1）高温成形规律：热冲压成形零件在成形过程中遵循高温成形规律。高温材料在冷态模具作用下，先接触部位温度迅速降低，材料发生硬化，变形集中在后与模具接触的高温区域。

（2）次成形原则：热冲压成形后零件材料由高温奥氏体组织转化为接近100%马氏体组织，屈服强度提高到 GPa 级别，且材料断裂延伸率降至 5% 左右。因此，热冲压成形后的零件无法再次进行成形。

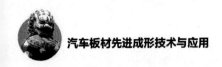

4.3.2 直接热成形零件型面特征设计

（1）热冲压成形零件应尽量避免设计为封闭式拉延零件结构（图 4.7（a）），而采用开放式成形零件结构（图 4.7（b））。封闭式的"杯状"结构会导致成形过程中材料在凸凹模拐角处产生压应变，材料受压产生的流动阻力导致凸凹模拐角处的直壁位置产生拉应变集中，从而导致起皱和开裂缺陷同时存在。

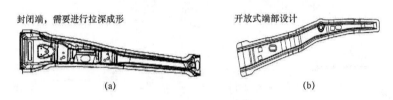

图 4.7　零件基本结构形式
（a）封闭结构；（b）开放结构

（2）零件特征变化平缓（图 4.8（b））避免成形时发生局部应变集中，降低成形难度。

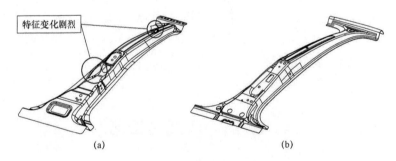

图 4.8　零件起伏特征变化
（a）零件局部特征变化剧烈；（b）零件特征变化平缓

（3）降低零件成形深度和深度差。

由于热冲压成形零件只能进行一次成形，要求具有复杂零件特征热冲压成形零件成形深度不能太大，以保证局部材料变形可满足零件成形需要。

如果零件（特别是"几"字形零件）存在较大深度差（图 4.9），则会导致成形深度较小位置发生起皱。通常要求"几"字形零件成形深度变化量与变化跨度之间关系满足：$\Delta h \leqslant 0.25L$。

（4）减少局部凹凸特征深度和数量。

零件凸台（局部凸特征）和反成形部分（局部凹特征）多在模具接近完全

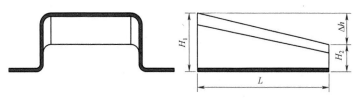

图 4.9 "几"字形零件示意图

闭合时开始变形，此时材料温度存在较大梯度且分布复杂，局部凹凸特征成形时容易发生应变集中，导致零件减薄过大或者开裂缺陷。另外，局部凹凸特征的存在增大了模具冷却系统设计难度，对冷却系统的冷却效果产生不利影响，从而增加了零件性能缺陷风险。若零件无法避免局部凹凸特征，设计时应尽可能增大拔模角度和过渡圆角半径。

4.3.3　间接热成形零件型面特征设计

非直接热成形零件首先经历冷成形过程，第二步将半成品工序件在热成形生产线中完成剩余成形工艺内容并实现模内淬火。该工艺不适用于 Al – Si 镀层热成形材料。

非直接热成形零件设计时其形面特征类似于钢板供货状态强度级别的高强钢零件。

|4.4　热冲压生产线及模具|

钢板热冲压技术的技术特征及零件的成形工艺，决定了其成形装备有别于传统冷冲压。目前用于冷冲压的压力机和成形模具不能完全适用于钢板热冲压工艺，因为传统的液压机滑块运动速度较慢，不具备快速合模及冲压的功能，而传统的机械压力机又不具备保压功能，普通高强钢冲压模具不具备温度控制功能。因此，热冲压成形设备及模具需要量身定做。

4.4.1　热冲压生产线

热冲压生产线（图 4.10）主要组成部分为：拆垛系统、加热系统、上料自动化设备、热成形液压机、下料自动化设备、零件堆垛系统，以及后续的激光切割设备和抛丸设备等。

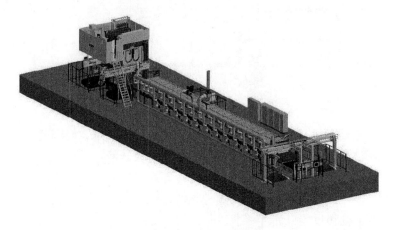

图 4.10　热成形生产线

1. 拆垛系统

　　在拆垛系统中，落好的料片被放入料箱中，通过机械手抓取料片放入加热炉中，如图 4.11 所示。根据单次冲程生产的零件数量不同，拆垛系统包括多个料站。拆垛装置能够实现连续拆垛，更换料垛时整线不停机。

图 4.11　拆垛系统

　　在拆垛系统中，还包含自动打标装置、双料检测装置以及板料预对中系统等。

2. 加热系统

　　加热系统主要设备是加热炉（图 4.12），其功能是将硼钢加热到奥氏体化温度，加热炉加热方式分两种：电加热和气加热。加热炉最高加热温度不低于

1 000 ℃，加热精度控制在 10 ℃，最大加热能力根据产品确定。对于加热不带涂层的 22MnB5 钢板，加热炉中需要有保护气氛，而对于带涂层的 USIBOR 1500P 钢板，加热炉中没有保护气氛。加热炉按设计结构分类，有辊底式加热炉和多层箱式加热炉两种。

图 4.12　加热炉

3. 上料自动化设备

上料自动化设备（图 4.13）有：高速机械手和机器人，其功能是将加热的钢板从加热炉的传送辊轮上快速放入模具中，其抓取板料的方式采用气动卡爪。机械手传输零件速度要满足整线自动化运行最大节拍要求，在换模时机械手要满足整线半自动换模的时间要求。

图 4.13　上料自动化

4. 热成形液压机

热成形液压机（图 4.14）提供板料成形时所需的成形力，热成形液压机

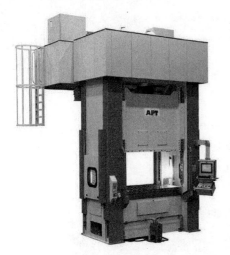

图 4.14　热成形液压机

的特点有：

（1）具备快速合模、成形及保压等功能。

（2）配有模具冷却水系统。

（3）备有过程监控（特别是温度）。

（4）高速液压机（兼顾一般液压机和机械压力机的优点）。

（5）吨位相对较小，常用吨位 800～1 200 t。

5. 下料自动化设备

下料自动化设备（图 4.15）有：高速机械手和机器人。功能是将成形后的零件从模具中取出，其抓取板料的方式采用气动卡爪。机械手传输零件速度要满足整线自动化运行最大节拍要求，在换模时机械手要满足整线半自动换模的时间要求。

图 4.15　下料自动化设备

6. 零件堆垛系统

零件堆垛系统（图 4.16）所用的设备多为机器人。功能是将成形后的零件从传送带中取出放入工位器具中。

图 4.16 零件堆垛系统

4.4.2 热冲压成形模具

4.4.2.1 产品开发过程

图 4.17 是热成形零件产品开发过程，主要包括模面设计、快速评估、工艺确认和质量控制、模具制造及调试。

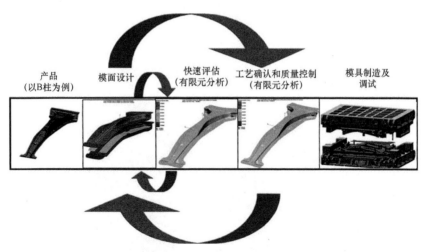

产品
(以B柱为例)　　模面设计　　快速评估
(有限元分析)　　工艺确认和质量控制
(有限元分析)　　模具制造及
调试

图 4.17 产品开发过程

采用 CAE 软件进行成形可行性分析和最终的工艺验证（图 4.18）。通过有限元分析，发现成形过程中可能会出现的问题和部位，通过更改产品数据或优化成形工艺来解决问题。

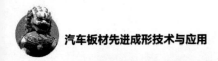
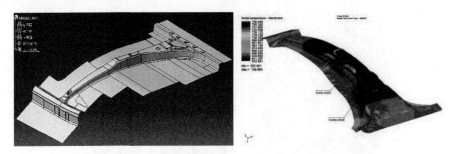

图 4.18　CAE 分析结果

对于典型热成形零件，模具结构包括：上模（凹模）、下模（凸模）、压边圈或压料板等，如图 4.19 所示。

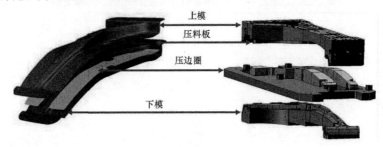

图 4.19　模具实体数模

4.4.2.2　模块化设计

对于典型的热成形模具，通常采用模块化设计（图 4.20）理念。模块化设计不仅可以降低制造成本，同时还能够大大缩短开发周期。

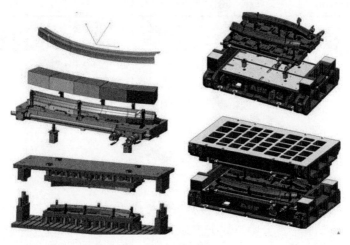

图 4.20　模块化设计

1. 安装定位板

安装定位板（图 4.21）需要考虑：斜楔块、冷却水和密封。

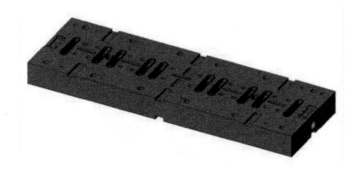

图 4.21　定位板

2. 制作凸凹模

制作凸模（图 4.22）和凹模（图 4.23）需要考虑：形状、冷却通道和形面。

图 4.22　凸模

图 4.23　凹模

3. 设计铸件

设计铸件（图 4.24）需要考虑：起吊、导向、模具镶块安装位置和在压机工作台上的安装位置。

图 4.24　铸件

4. 板料夹持装置和卸料板

设计板料夹持装置（图 4.25）和卸料板需要考虑：板料位置、有无传感器及详细的输出信号。

图 4.25　板料夹持装置

5. 冷却水连接及液压系统

设计冷却水连接及液压系统（图 4.26）需要考虑：冷却水路位置、连接形式和液压接口位置。

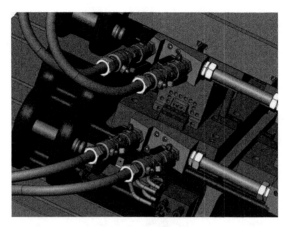

图 4.26　冷却水路

4.4.2.3　模具镶块设计

1. 镶块材料

镶块材料由模具材料供应商提供（包括尺寸等），因此在设计模具时尽可能设计为可采购到的标准尺寸。

2. 形状

模具形状主要取决于产品，也就是由客户决定。根据客户对零件的技术要求，制定模具加工精度和公差。

3. 导向槽

确定导向槽（图 4.27）的位置、长度等。

图 4.27　镶块导向槽

4. 冷却水道

确定冷却水道（图 4.28）的数量和位置。

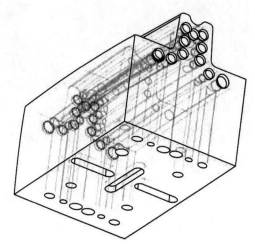

图 4.28　镶块冷却水道设计

5. 最后镶块

最后镶块包括形状、导向、冷却系统、安装孔和起吊孔等（图 4.29）。

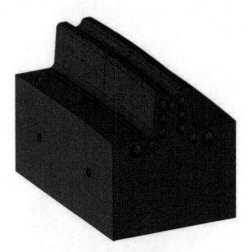

图 4.29　成形镶块

6. 整个流程

镶块开发的整个流程如图 4.30 所示。

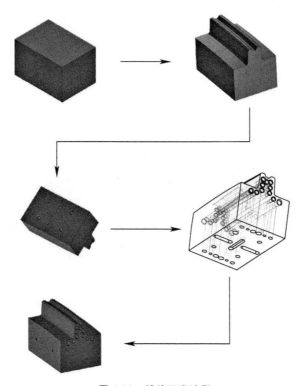

图 4.30 镶块开发流程

7. 模具表面处理

为了更好地发挥模具镶块的性能，可以对模具表面进行处理，如渗氮等。图 4.31 为经过表面处理后的镶块。

图 4.31 表面处理后的镶块

4.4.2.4　模具冷却水道设计

1. 冷却水道的开发

对于热冲压成形工艺，温度是至关重要的，在模具的横截面上加工冷却水道（图 4.32、图 4.33）相对来说是容易的。

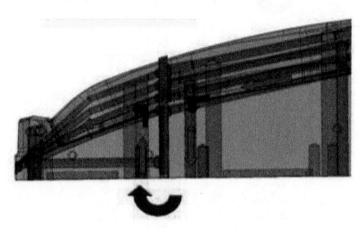

图 4.32　模具冷却水道剖面图

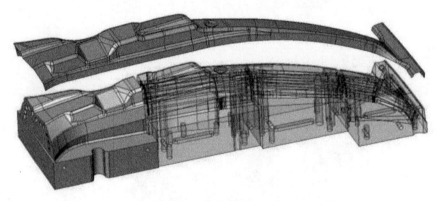

图 4.33　模具冷却水道立体图

图 4.34 是冷却水通过整个模具的过程。图 4.35 为模具冷却效果仿真。

为了防止冷却水泄漏，采用以下措施：① 锥形螺栓堵头；② Viton 材料的 O 形密封圈。图 4.36 所示为冷却水道密封情况。

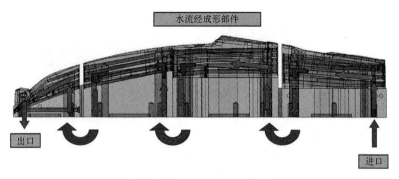

图 4.34　冷却水通过模具过程

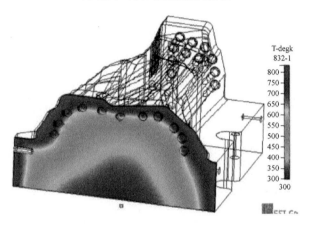

图 4.35　模具冷却效果仿真

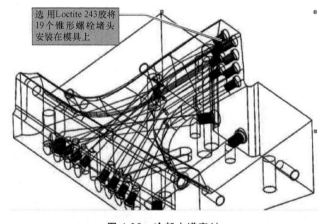

图 4.36　冷却水道密封

2. CAD 模具设计：冷却结构

将模具上的热量传递出去的方法是在模具内部钻冷却水道孔（图 4.37）。

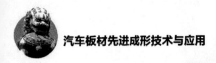
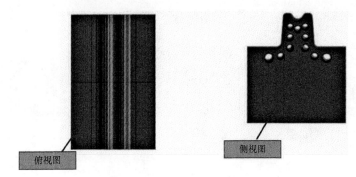

俯视图

侧视图

图 4.37　模具内部的冷却水道

当模具外表面形状不是直线而是曲线时，可能给钻孔带来一些问题（图 4.38）。

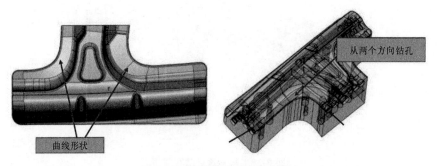

从两个方向钻孔

曲线形状

图 4.38　模具内部的冷却水道

孔的位置和数量取决于模具表面的形状（图 4.39、图 4.40）。图 4.41 所示为冷却水道合理性分析。

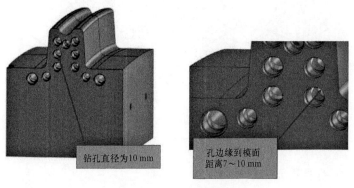

钻孔直径为10 mm

孔边缘到模面距离7～10 mm

图 4.39　孔的位置和数量

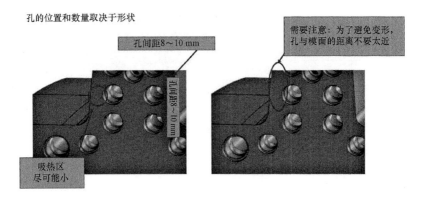

孔的位置和数量取决于形状

孔间距8～10 mm

孔间距8～10 mm

吸热区尽可能小

需要注意：为了避免变形，孔与模面的距离不要太近

图 4.40　孔的位置和数量

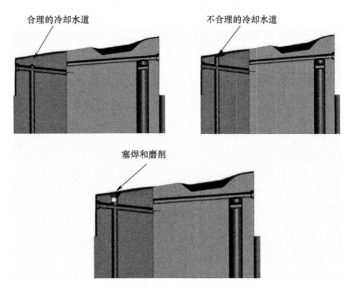

合理的冷却水道

不合理的冷却水道

塞焊和磨削

图 4.41　冷却水道的合理性

　　此外，还要考虑冷却水的流量。进出模具的冷却水量相同是非常重要的，这就意味着在模具横截面上的冷却水道孔径可能是不相同的。图 4.42 所示为冷却水管接头。

4.4.2.5　模具材料

1. 热作模具钢 HOTVAR

　　热作模具钢 HOTVAR 的特点：① 高温耐磨性好。② 高温下力学性能好。③ 热疲劳寿命长。④ 具备优异的回火稳定性。⑤ 导热性好。其化学成分如表 4.3 所示。

进水口尺寸大约为φ40 mm

图 4.42　冷却水管接头

表 4.3　HOTVAR 化学成分

化学成分	C	Si	Mn	Cr	Mo	V
质量分数/%	0.55	1.0	0.75	2.6	2.25	0.85
标准规范	无					
供货状态	软性退火，硬度约为 210HB					
色标	红/棕					

　　该模具材料由瑞典模具商 Uddeholm 生产制造，此种模具材料正常工作温度可达 650 ℃。应用范围：主要用于易发生热磨损和（或）塑性变形的零件。推荐硬度范围：54～58HRC，可进行渗氮或碳氮共渗处理，以提高耐磨性。

2. 热作模具钢 ORVAR SUPREME

　　热作模具钢 ORVAR SUPREME 的特点：① 优异的抗热冲击性和抗热疲劳性。② 高温强度高。③ 优异的各向韧性和延性。④ 机加工性能和抛光性好。⑤ 高淬透性。⑥ 淬火过程中尺寸稳定性好等，其化学成分如表 4.4 所示。

表 4.4　ORVAR SUPREME 化学成分

化学成分	C	Si	Mn	Cr	Mo	V
质量分数/%	0.39	1.0	0.4	5.2	1.4	0.9
标准规范	Premium AISI H13，W.－Nr.1.2344					
供货状态	软性退火，硬度约为 180HB					
色标	橙					

　　该模具材料由瑞典模具商 Uddeholm 开发，应用范围：由于韧性和延性的各向同性，用于高疲劳应力和热疲劳零件。多用于压铸模具、锻模和挤压模具。

|4.5　典型热冲压成形零件案例分析|

4.5.1　中通道热冲压成形

4.5.1.1　零件特性

图 4.43 是某车型前地板中通道，其厚度为 0.9 mm，成形后零件的力学性能为屈服强度≥1 000 MPa，抗拉强度≥1 400 MPa，延伸率≥4%。根据零件特点，采用热冲压成形工艺，材料选用 Al-Si 镀层热成形钢板，材料牌号为：USIBOR 1500P，成形后不需要抛丸处理。

图 4.43　前地板中通道

4.5.1.2　有限元分析

图 4.44 为前地板中通道有限元分析模型，其中包括上模、下模和板料。

图 4.45 和图 4.46 分别为成形后零件减薄率和壁厚分布，从图中可以看出局部位置成形后壁厚最大减薄率超过 20%。为了保证工艺性，需要放大这些位置的圆角或更改几何型面。

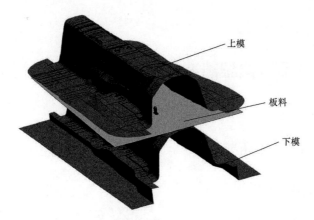

图 4.44　前地板中通道有限元分析模型

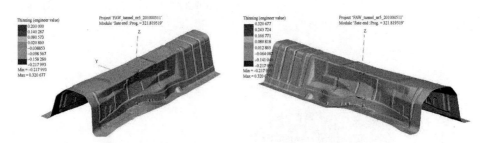

图 4.45　前地板中通道成形后零件减薄率分布

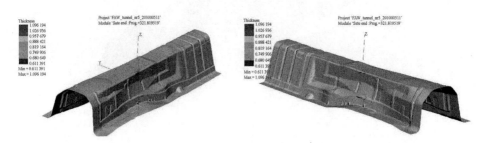

图 4.46　前地板中通道成形后零件壁厚分布

4.5.1.3　样件调试

该零件通过局部放大圆角和更改几何型面，在调试期间并没有出现开裂和起皱等缺陷。调试期间的工艺参数：① 在加热炉中加热时间：240 s；② 加热温度：930 ℃；③ 成形力：400 t；④ 零件在模具中的保压时间：5 s。图 4.47所示为成形后的零件。

图 4.47 成形后的零件

4.5.1.4 样件检测

零件检测包括几何尺寸检测、力学性能检测和硬度检测，几何尺寸检测在检具上完成，力学性能检测在材料拉伸机上完成，硬度检测在显微硬度仪上完成。

成形后的前地板中通道在检具上进行检测，检测结果为尺寸合格率满足要求。图 4.48 为样件在检具上的尺寸检测情况。

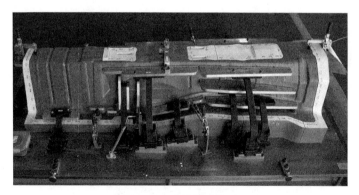

图 4.48 样件尺寸检测

力学性能检测结果如表 4.5 所示，可见成形后零件的屈服强度为 1 141 MPa，抗拉强度为 1 520 MPa，延伸率为 4.37%。

表 4.5 前地板中通道样件力学性能检测结果

力学性能	抗拉强度/MPa	屈服强度/MPa	延伸率/%
检测数值	1 520	1 141	4.37

对功能区域位置进行显微硬度检测，结果为平均显微硬度 HV532。

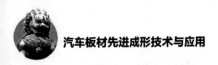

4.5.2　前横梁热冲压成形

4.5.2.1　高强钢板成形极限评价经验

图 4.49 是某车型前横梁，其厚度为 1.2 mm，成形后零件的力学性能为屈服强度≥1 000 MPa，抗拉强度≥1 400 MPa，延伸率≥4%。根据零件特点，采用热冲压成形工艺，材料选用 Al－Si 镀层热成形钢板，材料牌号为 USIBOR 1500P，成形后不需要抛丸处理。

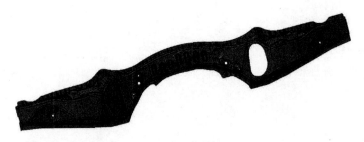

图 4.49　前横梁

4.5.2.2　有限元分析

图 4.50 为前围挡板横梁有限元分析模型，其中包括上模、下模、压料板和板料。

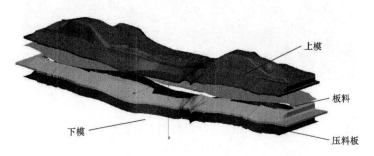

图 4.50　前围挡板横梁有限元分析模型

图 4.51 和图 4.52 分别为成形后零件减薄率和壁厚分布，从图中可以看到，两边侧壁位置成形后壁厚减薄严重，最大减薄率超过 20%。为了保证工艺性，需要放大这些位置的圆角或更改几何型面。同时从分析结果也能看出，在制件的法兰位置有起皱缺陷。

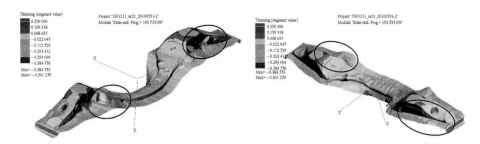

图 4.51 前围挡板成形后零件减薄率分布

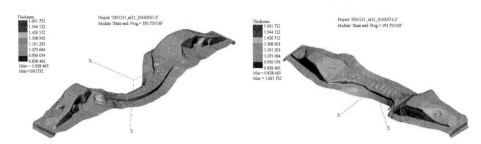

图 4.52 前围挡板成形后零件壁厚分布

4.5.2.3 样件调试

尽管零件局部已经放大圆角和更改几何型面，但在调试期间仍出现开裂、起皱和叠料等缺陷，如图 4.53～图 4.56 所示。

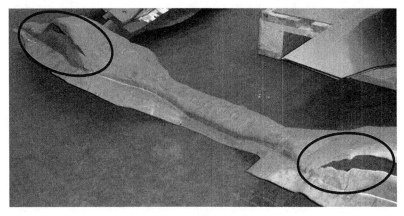

图 4.53 开裂缺陷（一）

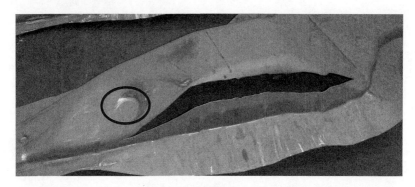

图 4.54　开裂缺陷（二）

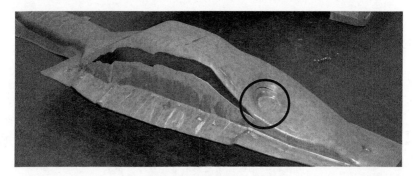

图 4.55　开裂缺陷（三）

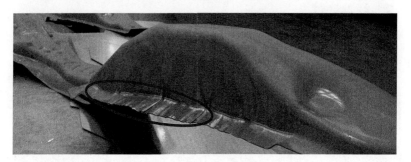

图 4.56　法兰位置起皱和叠料缺陷

　　对开裂缺陷，可通过减小板料和模具之间的摩擦力及放大模具局部圆角得到解决。

　　对法兰叠料缺陷，可通过增大压边力得到改善。

　　调试期间的工艺参数：① 在加热炉中加热时间：240 s；② 加热温度：930 ℃；③ 成形力：400 t；④ 零件在模具中的保压时间：7 s。图 4.57 所示为成形后的零件。

图 4.57　成形后的零件

4.5.2.4　样件检测

成形后的前围挡板横梁在检具上的检测结果为尺寸合格率大于 85%。图 4.58 为样件在检具上的检测情况。

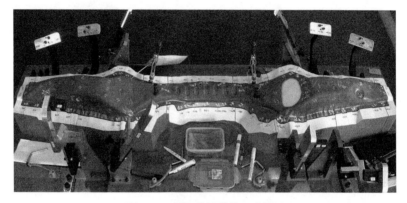

图 4.58　前围挡板样件尺寸检测

力学性能检测结果如表 4.6 所示，成形后零件的屈服强度为 1 215 MPa，抗拉强度为 1 628 MPa，延伸率为 4.21%。

表 4.6　前围挡板力学性能检测结果

力学性能	抗拉强度/MPa	屈服强度/MPa	延伸率/%
检测数值	1 628	1 215	4.21

对功能区域位置进行显微硬度检测，结果为平均显微硬度 HV538。

4.5.3　保险杠热冲压成形

4.5.3.1　零件特性

图 4.59 是某车型前保险杠总成，其厚度为 1.6 mm，成形后零件的力学性能

为屈服强度≥1 175 MPa，抗拉强度≥1 790 MPa。根据零件特点，采用热冲压成形工艺，材料选用德国蒂森克虏伯的 MBW@1900，成形后需要进行抛丸处理。

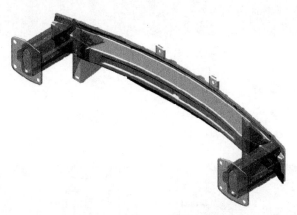

图 4.59　某车型前保险杠总成

4.5.3.2　有限元分析

采用有限元分析软件建立热成形工艺仿真分析模型，完成了保险杠横梁零件热成形工艺仿真，成功预测了零件热成形工艺过程可能发生的成形缺陷和力学性能缺陷，并且经过多轮优化消除了可能出现的工艺质量缺陷。图 4.60 是模拟零件热成形后变薄率分布云图。

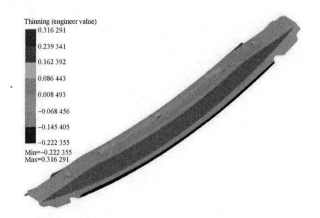

图 4.60　保险杠热成形后变薄率分布云图（见彩图）

4.5.3.3　模具结构

在热成形模具设计方面采用了直通式冷却系统，热效率提高约 20%（图 4.61、

图 4.62）。直通式冷却系统的设计对热成形模具镶块间密封提出更高的要求。
为满足大批量生产要求，在密封设计上采用了密封圈加预紧螺钉的设计思路
（图 4.63），有效解决了冷却效率与变温密封之间的矛盾。最终实现了保压冷却
时间降低至 7 s，连续生产节拍满足 3.5 SPM（每分钟冲程数）。

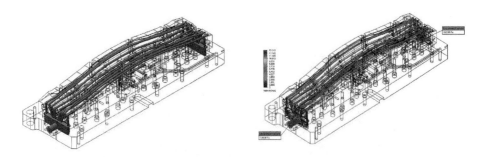

图 4.61 上模冷却系统结构及冷却仿真分析结果（见彩图）

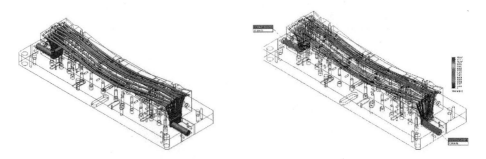

图 4.62 下模冷却系统结构及冷却仿真分析结果（见彩图）

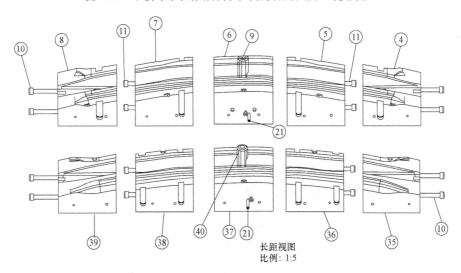

长距视图
比例：1∶5

图 4.63 直通式冷却系统镶块间预紧螺钉

4.5.3.4 样件调试

热成形模具调试（图 4.64）过程中完成了零件尺寸调整、力学性能调整、落料优化、少激光切割优化、生产节拍优化等内容，实现了零件尺寸质量目标、性能质量目标的达成。在 7 s 保压前提下，实现出模温度稳定在 100 ℃以下。图 4.65 所示为热成形批量生产零件。

图 4.64　热成形模具调试及着色率检定

图 4.65　热成形批量生产零件

在模具调试过程中，发生了高碳当量热成形零件生产过程中的环境湿度敏感问题。由于夏季空气湿度大，板料在存储、加热、传输过程中产生了氢扩散，并在成形 - 保压以及开模空冷过程中发生了不同程度的晶界处富集。这种氢富集产生的内应力造成零件生产后立即进行性能检测时出现了强度和延伸率均偏低的现象。而同一批零件在放置 3～5 天（视生产时环境湿度而定）后再进行力学性能试验时强度和延伸率恢复正常。

针对此问题，调试过程分析了氢扩散的条件，对加热炉露点传感器进行了检定。在确认露点传感器无问题的前提下设计了分区温控试验。最终通过分区控制解决了力学性能暂时偏低的问题。该问题并未在常规 1.5 GPa 热成形零件生产中出现过，属于 1.8 GPa 热成形零件生产的特有问题。

4.5.3.5　样件检测

对成形后的零件进行力学性能检测，结果如表 4.7 所示，成形后零件的屈服强度为 1 251 MPa，抗拉强度为 1 920 MPa，延伸率为 6%，显微硬度为 HV565。

表 4.7　保险杠样件力学性能检测结果

力学性能	屈服强度/MPa	抗拉强度/MPa	延伸率/%	显微硬度/HV
检测数值	1 251	1 920	6	565

4.6　热冲压成形技术发展趋势

4.6.1　热成形材料

随着主机厂对车身重量和刚度要求越来越高，除了传统的 1 500 MPa 级别热成形钢板材料外，国内外钢厂已经开展 1 800 MPa、2 000 MPa 级别热成形钢板的开发。此外，轻合金板材热成形已经在国外高端车型开始实现批量应用。

4.6.1.1　超高强钢板

2011 年欧洲车身会议上，马自达 CX - 5 前、后保险杠横梁材料抗拉强度级别为 1 800 MPa，成为当时全球批量应用强度级别最高的热成形材料，实现减重 4.8 kg，如图 4.66 所示。

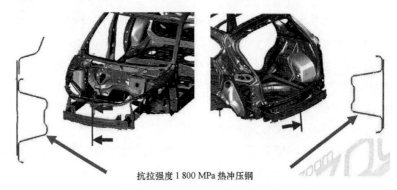

抗拉强度 1 800 MPa 热冲压钢

图 4.66　1 800 MPa 级别前后保险杠

　　2017 年，东北大学研发出抗拉强度超过 2 000 MPa 的热冲压成形超高强韧钢，该钢种于 2017 年 6 月在本钢集团成功完成小批量生产，并在北汽新能源纯电动两座车型"LITE"车门防撞梁装车验证，预计可实现减重 10%～15%，如图 4.67 所示。

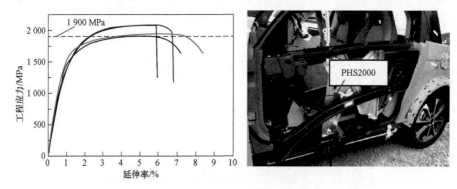

图 4.67　2 000 MPa 级别车门防撞梁

4.6.1.2　轻合金材料

　　轻合金（铝和镁）板材热成形是将板料加热到一定温度后，快速转移到模具中实现冲压成形，其成形原理与硼钢热成形类似。其特点有：显著提高材料的成形性能、成形后零件回弹小。图 4.68 所示为铝板热成形生产线。

采用温成形（成形温度低于 450 ℃）可以解决常温成形性差的问题，如制件几何尺寸复杂等

图 4.68　铝板热成形生产线

目前，采用铝板热成形的零件主要包括：轿车车门内板（图 4.69）、车底护板、保险杠横梁和车门防撞梁等拉延深度较大的零件。

图 4.69　热成形车门内板

4.6.2　热成形技术

4.6.2.1　分区硬化技术

分区硬化技术（或叫定制性能）是近几年发展起来的新工艺，是在热成形时通过控制材料显微组织变化过程及最终状态，使零件不同位置达到所需的力学性能的工艺。图 4.70 是采用分区硬化技术成形的 B 柱，其上部强度大于下部，主要是从产品侧碰安全角度考虑。

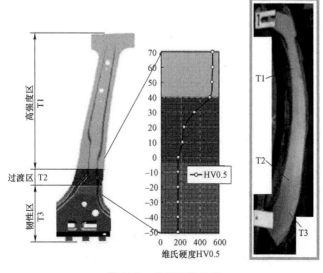

图 4.70　分区硬化 B 柱

实现分区硬化有两种工艺（图 4.71）：一种是板料在加热炉内分区加热，实现不同部位加热温度不同，然后在模具内完成成形；另一种是板料在加热炉内均匀加热，然后在模具内实现分区冷却成形。

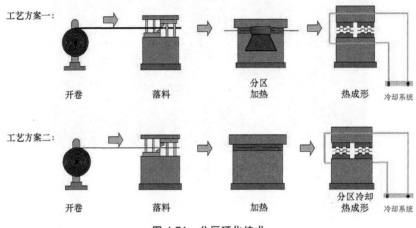

工艺方案一：

开卷　　　落料　　　分区加热　　　热成形　冷却系统

工艺方案二：

开卷　　　落料　　　加热　　　分区冷却热成形　冷却系统

图 4.71　分区硬化技术

采用分区硬化技术具有以下优点：

（1）热成形零件不同位置定制强度和韧性，利于进行轻量化设计。

（2）零件无焊缝和焊接接头，保证零件材质的连续性，碰撞性能及抗弯扭性能好。

存在的技术难点有：

（1）零件性能的分区精确控制。

（2）性能过渡区的宽度控制。

（3）性能过渡区的性能变化控制。

（4）模具或设备的适应性调整。

图 4.72 为奥迪 A6 B 柱加强板采用分区加热成形技术，在侧面碰撞过程中提高驾乘人员的安全。

4.6.2.2　补丁板热成形技术

补丁板（Patchwork Blank）热成形是将两层（或多层）板坯采用无填充材料连接后进行热冲压成形的工艺，其成形过程如图 4.73 所示。

采用补丁板热成形技术具有如下应用优势：

（1）能根据产品性能需要对特殊部位局部补强。

（2）能在零件"窄、深"位置设置焊点。平板连接无焊接间隙。

（3）内外零件完全贴合，零件补丁位置整体性能增强。

图 4.72 奥迪 A6 分区硬化 B 柱加强板

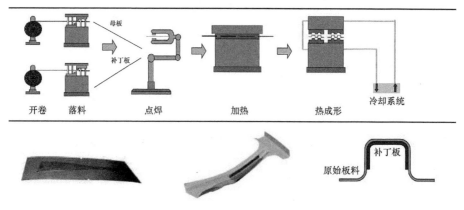

图 4.73 补丁板热成形工艺

（4）内外零件同时成形，无分体成形尺寸误差导致的零件尺寸不匹配。

（5）补丁零件无须再开模具，减少工装投入；整体冲压成形，降低生产成本。

存在的技术难点有：

（1）多层板间氧化控制及氧化物去除。

（2）热成形过程导致焊点（焊缝）变形失效或组织转变失效。

（3）补丁板位置零件组织性能控制。

（4）批量生产时补丁板位置漂移。

图 4.74 为 2014 款菲亚特 500X 车型 B 柱、后边梁及 2015 款全新沃尔沃 X90 车型 C 柱，采用了补丁板热成形技术。由于补丁板技术在成本上的优势，其在 A 级和 B 级车型上会有广泛的应用前景。

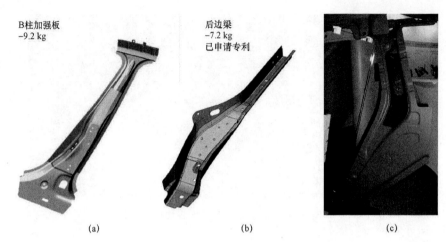

B柱加强板
-9.2 kg

后边梁
-7.2 kg
已申请专利

(a)　　　　　　　　　(b)　　　　　　　　　(c)

图 4.74　采用补丁板热成形的零件

（a）B 柱；（b）后边梁；（c）C 柱

4.6.3　热成形设备

为了加快生产节拍，国外先进热成形生产线制造商 Schuler 公司开发了 PCH（Pressure Controlled Hardening，压力控制硬化）技术，其原理如图 4.75 所示。借助 PCH 技术，在模具硬化期间实现对成形和冷却速度的控制。全新的压力机技术采用拉伸垫系统，可在模具中实现制件压力均匀受控，最终成效在于零部件刚度得到提升，并且改善了某些车身结构性部件的碰撞特性。

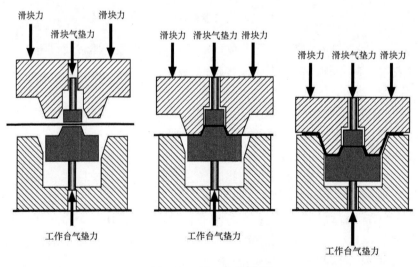

图 4.75　PCH 技术原理

PCH 技术主要优点有：

（1）带液压垫功能。

（2）工艺的参数化控制。

（3）确保零件与模具的接触压力可控且充分接触，冷却时间短。

（4）平均生产速度：6～20 件/min（一模双件高达 20 件/min）。

（5）整线集成控制。

图 4.76 所示为 PCH 设备与传统设备生产数据对比。

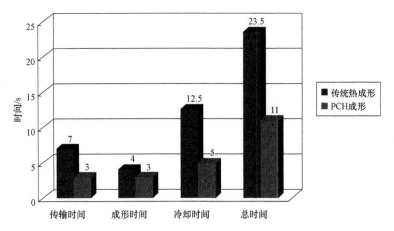

图 4.76 PCH 设备与传统设备生产数据对比

参 考 文 献

[1] 徐勇. 1 800 MPa 级别超高强钢热成形工艺在一汽轿车的应用 ［J］. 锻造与冲压，2014（4）：16－19.

[2] 周全. 汽车超高强度硼钢板热成形工艺研究 ［D］. 上海：同济大学，2007.

[3] 谷净巍. 汽车高强度钢板冲压件热成形技术研究 ［J］. 模具工业，2009，35（4）：27－29.

[4] Hu P, Liang Ying, Bin He. Hot Stamping Advanced Manufacturing Technology of Lightweight Car Body[M]. Beijing: Science Press, 2017.

[5] 舒勒公司. 轻量化技术研讨会 ［R］. 长春：2015.

[6] AP&T，VAMA. 热成形技术与材料合作研讨会 ［R］. 长春：2016.

第 5 章

辊压成形技术

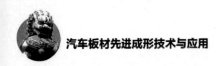
| 5.1 辊压成形技术及特点 |

5.1.1 辊压成形技术概述

辊压成形（Roll Forming，又称冷弯成形或滚压成形）通过顺序配置的多道次成形轧辊，把卷材、带材等金属板带不断地进行横向弯曲，以制成特定断面的型材，其基本原理如图 5.1 所示。

与传统冷冲压成形相比，辊压成形技术具有如下优点：

（1）设备投资少，生产效率高，适合大批量生产，成形速度可达 30 m/min，制造成本大幅降低。

（2）加工产品的长度基本不受限制，可连续生产。

（3）制件回弹控制方便，产品表面质量好，尺寸精度高，特别适合于高强钢成形。

（4）材料利用率高，与冲压工艺相比，能够节约材料 15%～30%。

辊压成形工艺加工出来的型材断面结构合理、品种规格繁多、几何尺寸精确，体现了现代社会对材料轻量化、合理化、功能化的使用要求。辊压成形是一种节能、节材、高效、先进的近净成形技术，符合"发展循环经济，创建节约社会"的政策要求，现已广泛应用于建筑、汽车制造、船舶制造、电子工业等领域。

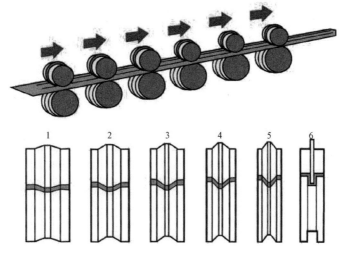

图 5.1　辊压成形技术原理

5.1.2　等截面辊压成形技术

在辊压成形过程中，板带随着辊轮的回转向前送进，同时被连续地进行弯曲，从而获得所需截面形状的制件。可见，辊压成形是一种连续的弯曲成形方法。

辊压成形工艺流程如图 5.2 所示：

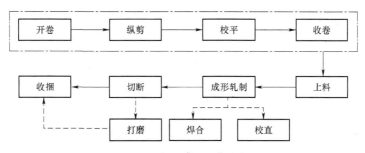

图 5.2　辊压成形工艺流程

根据辊压工艺流程，辊压成形机一般由多道水平辊机架和矫直辊机架，以及开卷、校平、截断等辅助机构组成。

按型材成形要求配置不同辅助变形辊和立辊。水平辊是传动机架，承担变形的主要任务。辅助辊是被动的，设立于两架水平辊间或成组设立，主要作用是对平辊无法压实的盲角部分进行变形，并减少水平辊的道次。立辊设置在水平辊孔型的同一平面内，用于最后几道的边部成形。对于咬口的封闭截面，还要设置芯子、拉杆、咬口压痕等部件。

轧机的压下形式可分为螺旋机械压下和液压压下。机械压下成本较低，液压压下操作方便。传动方式为万向轴式，上下水平辊可有较大的调整范围，以适应多品种型材的生产。为便于轧辊的更换，外侧机架与底板多为可翻转的铰链连接。辊组间传动多采用链条传动，以保证传动的同步性。

5.1.3 变截面辊压成形技术

变截面辊压成形技术主要指三维辊压成形（3D Roll Forming）技术，是辊压成形技术中的一种全新的技术领域，其成形原理如图 5.3 所示。与传统的辊压成形相比，它的成形过程并不是一个纯弯曲的过程。三维辊压成形能够同时满足板材横截面在纵向、横向以及高度方向按所需产品样式逐渐成形。将数控技术带进辊压成形技术中，通过修改执行的控制参数适时地调节成形轧辊的位置，实现成形截面几何形状的实时改变。其具体过程是由数控系统控制电机运转，电机按照已设定的程序驱动机架，使机架带动成形轧辊进行横向平移运动，机架同时可以带动成形轧辊进行旋转运动，成形轧辊自身也在电机驱动下旋转，带动板料向前成形。通过这三组运动共同协调配合，达到成形过程中成形轧辊相对位置发生改变的目的，最终实现同一型材上不同截面处的几何形状发生改变。

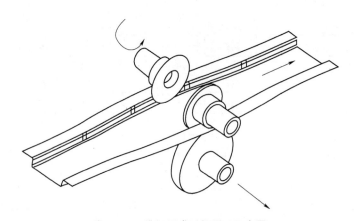

图 5.3　三维辊压成形的原理示意图

三维辊压成形的产生，对解决金属材料截面几何形状复杂多变、板材成形困难、效率低等问题有着积极的作用和重大的影响。图 5.4 为经三维辊压成形后的产品。三维辊压成形技术攻克了板材在三个维度一体连续成形难的问题，对金属材料变截面辊压成形工艺的发展发挥主要作用。三维辊压成形技术不仅操作简便，生产效率高，更能适用于不同厚度、不同截面形状。

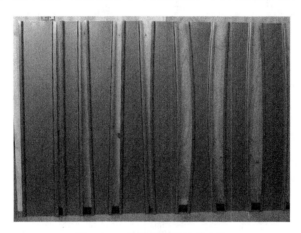

图 5.4　三维辊压成形技术产品

　　板材的成形，保证良好的板材成形精度和力学性能，在面对各行各业对不同截面形状和规格的板材需求时，充分发挥了其产品多样化的成形特点。

　　当前，对三维辊压成形工艺的研究受到了国内外成形领域的高度重视。国外的一些科研机构以及大学对变截面辊压成形技术已经开始深入的研究与探索，如美国的俄亥俄州立大学 ERC 研究所、亚洲的日本拓殖大学、欧洲的德国 Darmstadt 大学等。在欧美地区，最早对变截面辊压成形技术进行研究的是德国的 Darmstadt 大学；而在亚洲地区，日本拓殖大学的小奈弘教授对变截面辊压成形技术的研究开始得也相对较早。

　　德国 Data M 公司是在国际上较早研究变截面辊压成形技术的公司，其研制出世界上第一条变截面辊压成形生产线样机（图 5.5（a）），大大提升了公司在辊压行业中的地位。该样机主要靠伺服电机和滚珠丝杠实现变截面辊压成形。对比德国 Data M 公司研制的变截面辊压成形样机，瑞典的 Oritc 3D AB 公司充分利用了液压系统，研制出了第二条变截面辊压成形生产线样机，如图 5.5（b）所示，并真正实现了空间三个维度上的辊压成形，该样机主要用于建筑型材的大规模生产。

　　对比两幅图可以看出，瑞典的 Oritc 3D AB 公司研制的变截面辊压成形样机，从空间上讲，机身占地面积大，对安放区域有要求；从设备上讲，轧机更换复杂，需要耗费大量的人力财力，虽然实现了空间三维成形，但是整套样机造价昂贵，不便于大量生产。

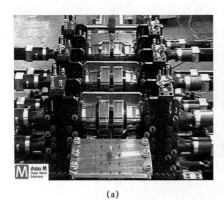 

(a)　　　　　　　　　　　　　　　　　(b)

图 5.5　变截面辊压成形样机

（a）德国 Data M 公司成形样机；（b）瑞典 Oritc 3D AB 公司成形样机

　　国内方面，近年来对于三维辊压成形工艺的研究也在各大学中开展起来，但是还处在初步探索阶段，想要赶上国外的技术还需要大量的研究。最早开始研究三维辊压成形工艺的机构是北方工业大学，并成立了北京市变截面辊弯成形工程技术研究中心，获得高强钢先进成形技术及其应用这一国家科技支撑项目的扶持。历经两年多的不懈探索研究，北方工业大学研发出了首台三维变截面辊压成形生产线样机，如图 5.6 所示。

图 5.6　北方工业大学高强钢三维辊压成形样机

┃5.2　辊压成形技术案例分析┃

5.2.1　某车型地板加强纵梁辊压案例分析

变截面辊压成形有一定的成形缺陷，因此针对某车型前地板加强纵梁的实际生产需求，提出定模动辊变截面辊弯成形工艺来实现其辊弯生产，零件图如图 5.7 所示。定模动辊变截面辊弯成形是考虑将变截面辊弯成形与靠模成形相结合，由上下模具和对称轧辊相配合而成形相应的变截面零件。

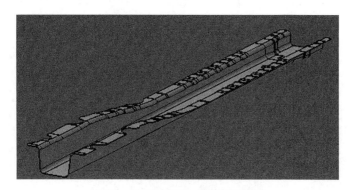

图 5.7　某车型地板加强纵梁零件图

定模动辊变截面辊弯成形是变截面辊弯成形工艺中的一种新方法，它有利于实现变截面辊弯工艺从样机研究到实际投产的转变。定模动辊变截面辊弯成形工艺的优势在于：非变形区腹板被完全控制，从而比较平整，没有大的弯曲缺陷，板材与轧辊相对速度易于控制。定模动辊变截面辊弯成形工艺采用轧辊与靠模相结合的方式。以 U 形型材为例，定模动辊变截面辊弯成形不是在 U 形立边弯折区配置一对共轭轧辊，而是通过上下两个压模约束板材的中心非变形区，在板材宽度方向两侧对称配置各道次立式单辊逐步成形 U 形立边，通过立辊、上模以及下模对板材的作用实现 U 形成形。

本零件采用 5 道次辊压，材料为 DP980 高强钢，初始厚度 1.0 mm，板长 1 740 mm，边缘有缺口，成形轨迹如图 5.8 所示。通过 5 道次辊弯最终得到目标形状，成形角度分别为 10°、30°、50°、70°、87°。

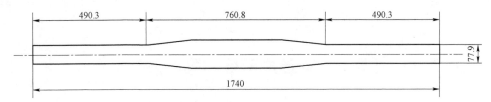

图 5.8　辊压成形轨迹

图 5.9 所示为 U 形变截面型材定模动辊变截面辊弯成形工艺装配图，其中灰色的上下模压紧中间黄色的板材，在成形过程中保持不动，对称配置的 5 个道次的立辊沿成形轨迹运动。各道次轧辊成形角度依次递增，轧辊外部轮廓为圆柱及圆锥形，前 4 道次轧辊成形面为锥形面。90° 轧辊和上模配合精准成形，板材立边两个表面分别与 90° 轧辊和上模接触，其余道次板材的立边仅单侧与轧辊接触。上下模沿板材宽度方向的轮廓形状与成形轨迹保持一致。轧辊的运动包括沿成形方向的匀速平动、沿板宽度方向的平动和自身的定轴转动。

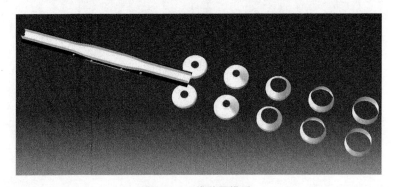

图 5.9　三维装配模型

轧辊在变截面区域做横向运动时，板材中心非变形区由于上下模挤压作用可以避免发生翘曲或者横向弯曲变形。在轧辊横向运动时，由于是一个单辊与板材发生接触，没有一对共轭轧辊夹住板材边缘，所以轧辊对板材的沿宽度方向的力要小很多。板材截面无论是由窄变宽还是由宽变窄，由于上下模的存在，轧辊对板材 U 形立边的弯折作用为主要作用，而轧辊对板材横向拉压力可以忽略不计。这样很好地保证了板材非成形区的平面度。

轧辊沿成形方向的运动通过伺服电机驱动，运动速度可以精准控制。这相对于依靠轧辊板材间摩擦力作为板材前进动力的情形，更易得到各道次相协调的运动速度。由于板材每侧采用的是单辊，不存在板材被共轭轧辊挤压而产生较大摩擦力的情形，板材对轧辊运动的阻力作用相对于惯性较大的轧辊运动系统是很小的。由于靠模的边缘按成形轨迹曲线设计，当确保了板材与轧辊的相对速度，就可以确保板材各道次成形轨迹很好地重合。

每道次板材宽向一侧的轧辊为单辊，只需要一个伺服电机驱动轧辊，如图 5.10 所示，每个轧辊所在的活动机架沿板宽方向的平动只需一个伺服电机驱动，由对称性可知，每道次只需要 4 个伺服电机即能完成要求，所有轧辊沿成形方向的平动用一对大功率电机驱动，所以定模动辊变截面辊弯成形比传统变截面辊弯成形的控制系统更简单，成本也更低，有一定经济上的优势。

图 5.10 定模动辊三维变截面辊弯单辊成形机组

在确立了定模动辊辊弯成形工艺后，再完成机架设计，完整的定模动辊变截面辊弯成形机组如图 5.11 所示。上下模具的开合由液压系统实现，轧辊的转动由垂直位置的伺服电机驱动，轧辊沿板宽度方向的移动由水平位置的小型伺

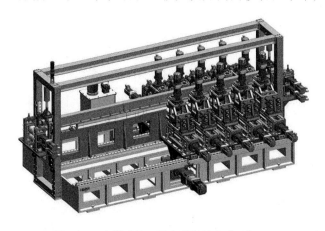

图 5.11 定模动辊三维变截面辊弯成形机组

服电机驱动，由滚珠丝杠传动，而轧辊的进给运动则由机架底部的大电机驱动。而包括开卷、进料、冲孔、校平和在变截面成形之后的等截面成形，以及切断等机组的全流程生产如图 5.12 所示。

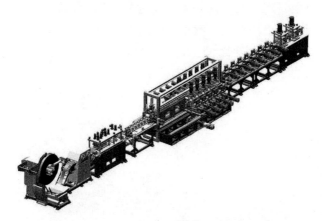

图 5.12　定模动辊三维变截面辊弯成形生产线

从上面的阐述不难看出，这一技术的关键在于定模动辊变截面辊弯机组能否完成对变截面部分的成形。作为新技术的开发，为验证定模动辊变截面辊弯工艺的可行性与有效性，首先对工艺过程做必要的有限元分析可以节省成本，压缩研发周期，在实践中具有重要的意义。

本实验采用大型非线性有限元软件 ABAQUS 进行仿真，板料选用三维壳单元 S4R，轧辊选用离散式刚体单元 R3D4，采用 Mises 屈服准则。仿真中板料的速度为 2 000 mm/s，摩擦系数设为 0.05，由于变形对称，为了提高计算效率，取一半模型进行模拟。

材料基本属性设定如下：

ABAQUS 中添加材料 DP980 的基本属性参数如表 5.1 所示。

表 5.1　DP980 材料基本属性参数

材料	密度/（t·mm^{-3}）	杨氏模量/MPa	泊松比	屈服应力/MPa	塑性应变
DP980	7.85×10^{-9}	202 470	0.28	643.18	0.102 0

有限元仿真结果如下：

1. 成形件云图

经过 5 道次成形仿真，板料成形后等效应力、等效塑性应变及截面厚度云图如图 5.13 所示。从图中可以看出，整体成形质量较好，边腿部分没有发生明显的边波，没有出现弯曲与翘曲缺陷。等效应力分布都集中在成形轨迹折弯区与边腿部分；等效塑性应变同样也主要集中在成形轨迹的折弯区，变截面区域边腿应变相对较大；对于厚度上的变化，同样是在成形轨迹的折弯区及变截面区域。

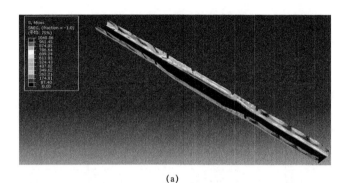

(a)

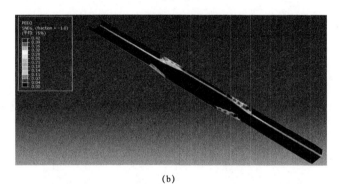

(b)

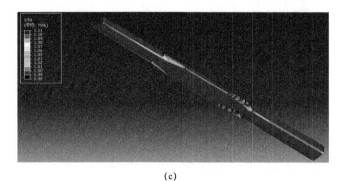

(c)

图 5.13　零件成形云图

（a）等效应力云图；（b）等效塑性应变云图；（c）截面厚度云图

2. 轧辊成形力

从仿真结果中提取 5 道次轧辊成形反力，如图 5.14 所示。从图中可以看出第 1 道次最大成形力在 3 000 N 左右，从第 2 到第 4 道次成形力逐渐增大到了 6 000 N 左右，第 5 道次达到最大，在 20 000 N 以内。

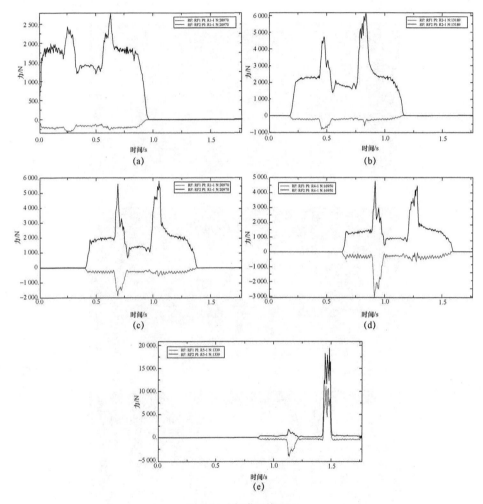

图 5.14　各道次成形力

（a）第 1 道次；（b）第 2 道次；（c）第 3 道次；（d）第 4 道次；（e）第 5 道次

3. 回弹分析

从仿真结果中对成形后的截面进行切面，如图 5.15 所示，边腿折弯角度非常接近目标折弯角度 87°，回弹较小。

图 5.15　成形切面

5.2.2　某车型门槛辊压案例分析

辊压门槛在国外主流汽车厂商和合资品牌厂商中应用较为广泛，比如上海通用、长安福特、上海大众等。近年来，随着碰撞安全、车身轻量化要求的提升以及辊压工艺的发展成熟，自主品牌车型也在借鉴采用，特别是长安汽车、奇瑞汽车等品牌厂商，都已经在新开发的车型上采用了辊压门槛。表 5.2 为辊压门槛的应用实例。可以看出，辊压门槛在门槛内板和门槛外板上都有所应用，但零件的牌号和料厚选择不尽相同。

表 5.2　辊压门槛零件案例

车型	零件	主机厂	零件图	牌号	料厚 t/mm
迈锐宝	门槛外板	上海通用		CR980T/700Y－MP－LCE－HD60G60G－U	0.9
D2SC	门槛内板	上海通用		CR980T/700Y－MP－LCE－HD60G60G－U	1.3
D2SB	门槛外板	上海通用		CR980T/700Y－MP－LCE－HD60G60G－U	1.0
D2SB	门槛外板	上海通用		CR980T/700Y－MP－LCE－HD60G60G－U	1.3
SGM318	门槛内板	上海通用		CR780T/420Y－DP－UNCOATED	1.2
AS21	门槛内板	SAIC		DOCOL 1100M	1.2
AS21	门槛外板	SAIC		DOCOL 1100M	1.0
T9	门槛内板	DPCA		DP780	1.2

1. 重量分析

对于某车型门槛加强板,采用冲压方案:料厚为 1.4 mm,零件净重 8.90 kg;而采用辊压方案:料厚 1.2 mm,净重仅为 7.63 kg。辊压方案可实现减重 1.27 kg。

2. 成本分析

辊压方案(包含材料、辊压线、检具)与冷冲压方案(含材料、模具、检具、冲次费)成本对比见表 5.3。因此,门槛加强板采用辊压方案可以减少成本 2.05 元。辊压门槛成本核算分析如表 5.4 所示。

表 5.3　某车型辊压门槛与冲压门槛成本对比

成形方式	冷冲压 HC420/780DP/1.4 mm	辊压成形 HC550/980DP/1.2 mm
零件图		
模具费/万元	213.5	180.0
单件/元	(材料)61.04 +(冲次)17 +(模具分摊)21.35 = 99.39	(产品到厂价)79.34 +(模具分摊)18 = 97.34
质量/kg	8.90	7.63

表 5.4　辊压门槛成本构成分析

材料费用						工序费用		
零件名称	材料厚度/mm	材料牌号	材料规格/(mm×mm)	材料质量/kg	总费用/元	工序名称	模具总价/万元	工序价格/元
左门槛加强板	1.2	HC550/980DP	1 475 × 290	3.815	22.76	在线冲孔	13.5	0.71
						辊压、校直、切断	89	5.53
						检验	2	
						压型整形	12.5	2.73
						修边冲孔	12.5	2.73
						检验	5	
						包装		0.40
						仓储 + 运输		0.95

续表

材料费用						工序费用		
零件名称	材料厚度/mm	材料牌号	材料规格/（mm×mm）	材料质量/kg	总费用/元	工序名称	模具总价/万元	工序价格/元
右门槛加强板	1.2	HC550/980DP	1 475×290	3.815	22.76	在线冲孔	13.5	0.71
						辊压、校直、切断	借用	5.53
						检验	2	
						压型整形	12.5	2.73
						修边冲孔	12.5	2.73
						检验	5	
						包装		0.40
						仓储+运输		0.95
合计					45.52	模具费用合计/万元	180	26.10
左、右件合计成本价（未含税、未含模具摊销）：71.62 元（材料费+加工费）								

3. 性能分析

辊压方案：门槛材料采用高强钢板 DP980，料厚为 1.2 mm，屈服强度为 550～730 MPa。冲压方案：门槛材料采用高强钢板 DP780，料厚为 1.4 mm，屈服强度为 420～550 MPa。采用高强度辊压形式门槛有利于减轻车身重量，同时提高碰撞安全性能，且成本低于冲压形式。从表 5.5 的 CAE 分析对比结果可以看出，B 柱和前门辊压方案侵入量相对冲压方案侵入量减小，采用辊压方案优势显著。

表 5.5　辊压方案和冲压方案碰撞安全性能对比分析

考查项	动态（Max）	辊压方案 HC550/980DP 1.2 mm	冲压方案 HC420/780DP 1.4 mm	静态（@160ms）	辊压方案 HC550/980DP 1.2 mm	冲压方案 HC420/780DP 1.4 mm
B 柱顶端高度 A51 处侵入量/mm	50	56.26	58.74	40	21.6	23.02
B 柱头部 A52 处侵入量/mm	70	92.83	94.11	56	36.15	38.83

辊压成形技术在门槛应用中，可实现轻量化、降成本，且零件性能有较大提升。

|5.3 辊压成形技术发展趋势|

商业化的辊压成形技术出现在 19 世纪后期，在 20 世纪得到广泛应用，众多的专家、学者和专业工程师们在不断地进行着有关板带成形方面的理论探讨和实验研究，取得了许多研究成果。但是，由于辊压成形过程中几何学、运动学、动力学和材料学等方面的复杂性，辊压成形具有明显的几何非线性、材料非线性以及接触边界非线性等特性，采用数值方法进行研究是非常困难的，因而，迄今为止，还没有形成一个统一的、比较完善的、全面描述成形参数与轧件性质之间关系的算法和理论体系。尽管采用辊压成形工艺已经生产了大量的、几乎遍及人们生活各个领域的金属制品，但辊压成形技术仍然是一门经验性很强的工业学科，就整个世界范围来说，辊压成形技术还远未成熟，辊压成形工艺仍然被称为一门"空缺的艺术"。

1998 年瑞典开始研究超高强钢辊压成形技术，经过十余年的发展，于 2010 年在汽车上开始应用高强钢辊压成形技术，如图 5.16 所示。

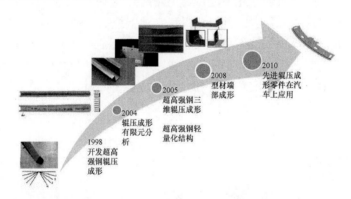

图 5.16 高强钢辊压成形技术在瑞典的研究情况

2006 年欧洲车身会议上，斯柯达 Roomster 车型应用抗拉强度 1 200 MPa 的高强钢辊压成形门槛，实现减重 1.66 kg，如图 5.17 所示。

2010 年国际钢铁协会开展的 FutureSteelVehicle 项目中针对白车身上门槛产品提出了采用传统钢板辊压、激光拼焊板辊压和不等厚钢板辊压的设计理念，如图 5.18 所示；同时，对门槛的各种制件工艺成本及减重效果进行了对比分析，得出结论：辊压成形工艺制件成本最低，并可实现较好的减重效果，如图 5.19 所示。

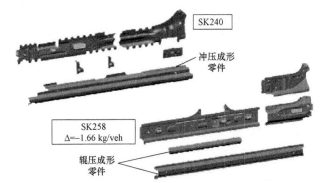

图 5.17 斯柯达 Roomster 车型门槛

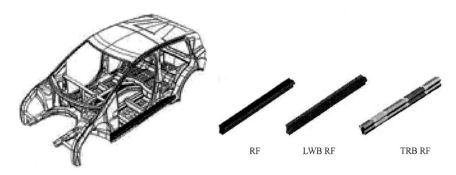

图 5.18 WorldAutoSteel 提出的门槛辊压制件理念

2011 年欧洲车身会议上，梅赛德斯 – 奔驰 B 级车下部车身总成中的门槛、前纵梁、地板横梁、后边梁等 16 件应用超高强钢辊压成形零件，如图 5.20 所示。

2012 年欧洲车身会议上，参会的凯迪拉克 ATS 下部车身总成在门槛、地板横梁、中通道等 8 件产品应用超高强钢辊压成形技术，如图 5.21 所示。

近年来，在新车型开发设计上，白车身上的潜在辊压成形产品逐渐推广到前/后保险杠横梁、车门防撞梁、顶盖横梁、门槛加强板、A 柱上部、B 柱加强板、C 柱加强板等零件，如图 5.22 所示。

随着市场竞争的加剧，以及节能环保的要求，需要产品截面特征与冲击载荷分布相匹配，具有灵活可变的柔性，即变截面辊压成形工艺，从目前掌握的资料来看，国外变截面辊压工艺尚处于起步阶段，尚未在汽车行业中获得成熟应用。

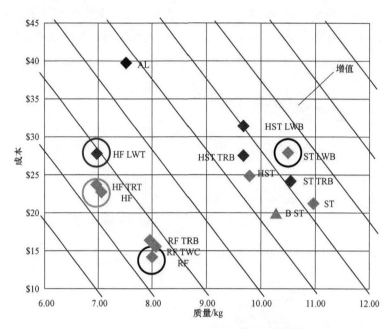

图 5.19　门槛各制件工艺成本—质量分析结果

AL—铝；B ST—传统冲压成形；HF LWT—激光拼焊管液压成形；
HF TRT—不等厚钢管液压成形；HST—热成形；HST LWB—激光拼焊板热成形；
HST TRB—激光拼焊板热成形；RF TWC—激光拼焊带卷辊压成形；
RF TRB—不等厚板辊压成形；ST LWB—激光拼焊板冲压成形；
ST TRB—不等厚板冲压成形

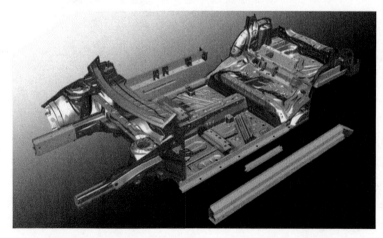

图 5.20　梅赛德斯 – 奔驰 B 级车下部车身总成辊压成形产品

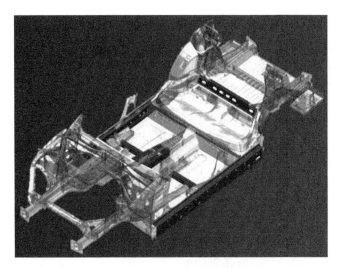

图 5.21　凯迪拉克 ATS 下部车身总成辊压成形产品

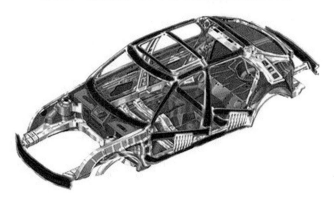

图 5.22　白车身上的潜在辊压成形产品

　　经过 20 多年的发展,虽然我国的辊压成形行业取得了长足的进步,但与美、欧、日等发达国家和地区相比较,还存在不小的差距。未来辊压成形发展方向主要包括:

　　(1)产品品种及总产量的提升。目前,发达国家的辊压型钢品种已超过 1 万种,辊压型钢产量约占到钢材产量的 5%;而我国辊压型钢产品的品种只有 2 000 多种,产量占钢产量的 2.4%。

　　(2)钢材深度加工能力有待提升,暂不能适应和方便用户的使用。

　　(3)辊压成形设备和模具的制造精度、生产的管理和自动化水平、产品的质量控制等方面与发达国家还有较大的差距,仍有较大提升空间。

　　(4)在理论研究、新技术和新产品的开发利用、专利申请等方面与发达国家也还有一定的差距。

在国内汽车制造领域，白车身前后保险杠、车门框等产品采用辊压制件已成为一项成熟的工艺技术，并逐渐向高强钢辊压方向发展。上海通用、上海大众、一汽大众、神龙汽车、长安汽车等车企已实现或即将实现门槛件产品的高强钢辊压成形。

参 考 文 献

[1] 刘继英. 辊压成形在汽车轻量化中应用的关键技术及发展［J］. 汽车工艺与材料，2010（02）：18－21.

[2] 韩非. 应用先进高强钢的典型汽车零件辊压成形关键技术及开发［J］. 塑性工程学报，2013（03）：65－69.

[3] 王斌. 卡车车架纵梁柔性化生产线研究［D］. 青岛：青岛大学，2016.

[4] 黄伟男. 浅析辊压成形工艺在汽车门槛中的应用［J］. 模具技术，2018(02)：37－40.

[5] Yan Yu, Li Qiang. FEM modeling and mechanics analysis of flexible roll forming［J］. Applied Mechanics and Materials，2011，44（47）：132－137.

[6] Qian Bo. Support Fast Generation Algorithm Based on Discrete－marking in Rapid Prototyping［J］. Rapid Prototyping Journal，2011，6(17)：451－457.

[7] 钱波，李强. 柔性冷弯成形可变时域插补控制［J］. 华中科技大学学报，2011，12（39）：37－40.

[8] Qian Bo. A Novel Control Procedure for Single Axis Roll Forming［J］. Advanced Materials Research，2011：181－182，177－182.

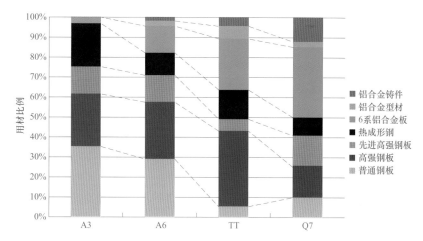

图 1.9 奥迪车型白车身用材变化

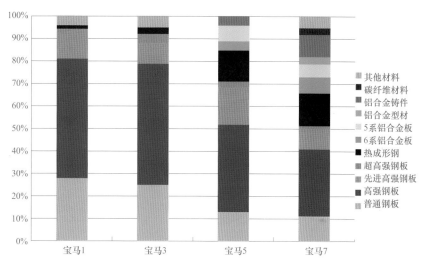

图 1.15 宝马车型白车身用材变化

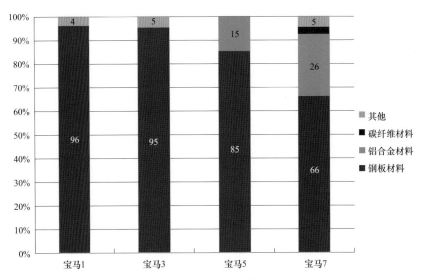

图 1.16　宝马车型白车身材料轻量化路径

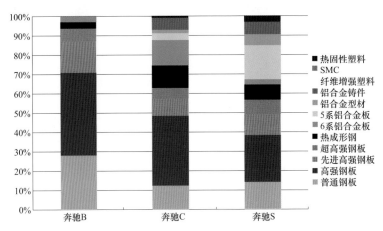

图 1.20　奔驰车型白车身用材变化

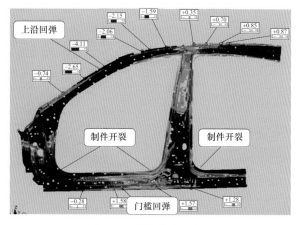

图 2.42　制件缺陷分布图

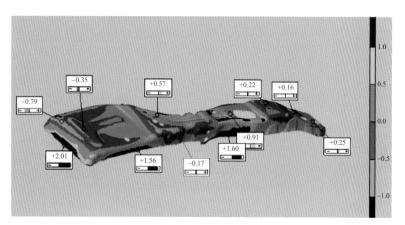

图 2.58　精调后制件与数模对比图

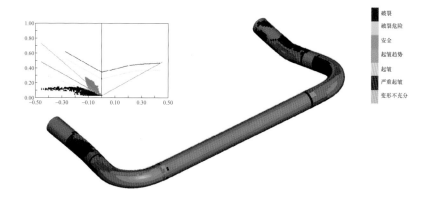

图 3.24　弯管过程中钢管的 FLD 和厚度分布图

图 3.24　弯管过程中钢管的 FLD 和厚度分布图（续）

图 3.26　预成形过程中钢管的 FLD 和厚度分布图

图 3.28 液压成形过程中钢管的 FLD 和厚度分布图

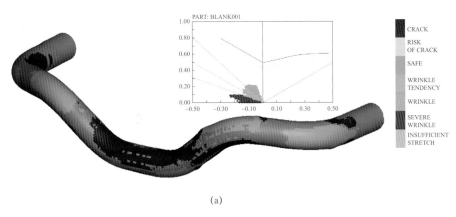

(a)

图 3.35 各个工序的 FLD

（a）弯曲后

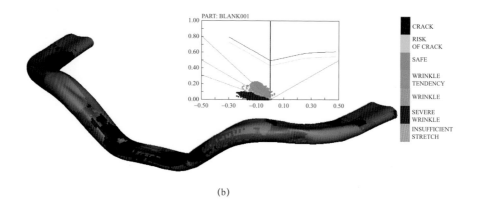

(b)

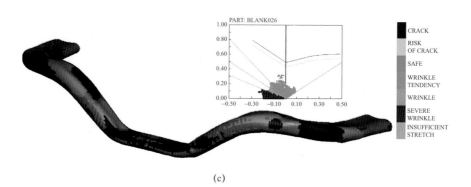

(c)

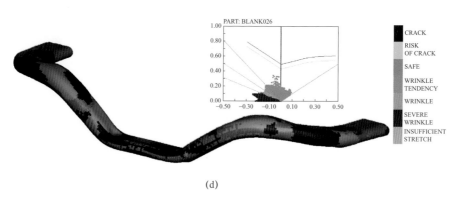

(d)

图 3.35　各个工序的 FLD（续）

（b）预成形后；（c）液压成形合模后；（d）液压成形

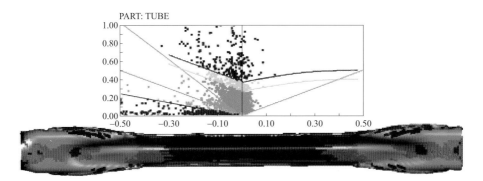

图 3.44　扭力梁的液压的 FLD

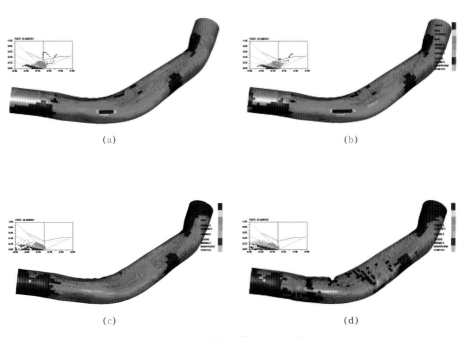

（a）

（b）

（c）

（d）

图 3.73　补料量对成形极限的影响

（a）$S = 0$ mm；（b）$S = 10$ mm；（c）$S = 20$ mm；（d）$S = 30$ mm

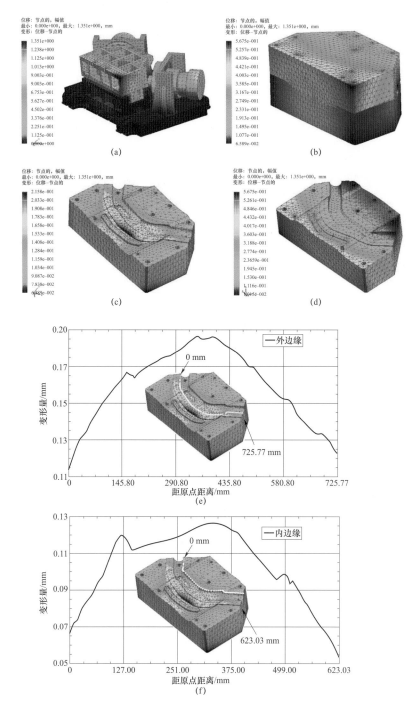

图 3.75　控制臂液压成形模具的变形分析结果（mm）

（a）整体；（b）模块；（c）下模块；（d）上模块；（e）下模块型腔外边缘；（f）下模块型腔内边缘

8

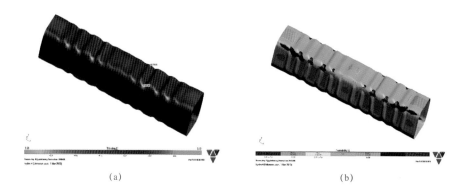

(a) (b)

图 3.90 液压成形有限元分析
（a）减薄率；（b）成形性

图 3.97 铝合金副车架减薄情况

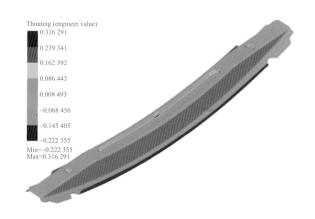

Thinning (engineer value)

0.316 291
0.239 341
0.162 392
0.086 443
0.008 493
−0.068 456
−0.145 405
−0.222 355

Min=−0.222 355
Max=0.316 291

图 4.60 保险杠热成形后变薄率分布云图

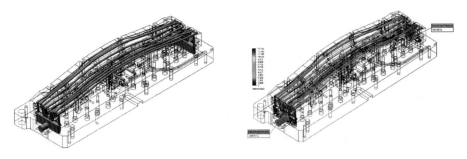

图 4.61　上模冷却系统结构及冷却仿真分析结果

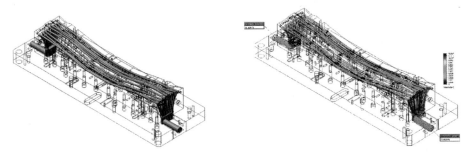

图 4.62　下模冷却系统结构及冷却仿真分析结果